DAS GROßE 3 IN 1

EFFEKTIVE KOMMUNIKATION

MIT 39 PRAKTISCHEN TECHNIKEN

Wie jedes Ihrer Worte maximale Wirkung erzielt

MIT STORY-TELLING-GUIDE

So steigern Sie Ihre Überzeugungskraft und bauen starke Beziehungen auf

EMMA LEIGH WEBER

Umweltschutz: Der Druck erfolgt in chlorfreier Tinte und das säurefreie Papier für den Innenteil des Buches wird von einem Anbieter mit Forest Stewardship Council-Zertifizierung bezogen. Alle Abfälle, die beim Drucken entstehen, werden ordentlich recycelt und verwertet. Der Druck dieses Buches wird über ein Print-on-Demand-Verfahren abgewickelt. So werden nur Bücher angefertigt, die auch benötigt werden. Dies spart Ressourcen und schont die Umwelt.

Inhaltsverzeichnis

Einführung

Jeder hat schon einmal die Frustration erlebt, missverstanden zu werden oder das Gefühl zu haben, von anderen nicht verstanden zu werden, sowohl persönlich als auch beruflich. Es kann entmutigend sein, wenn es Ihnen nicht gelingt, eine Verbindung mit jemandem herzustellen, vor allem, wenn Sie etwas Wertvolles zu sagen haben. *Aber was wäre, wenn Sie Ihre Kommunikationsfähigkeiten verbessern, diese Barrieren durchbrechen und sich anderen gegenüber wirksam ausdrücken könnten?* Stellen Sie sich die Möglichkeiten vor, die sich Ihnen für Ihre Karriere, Ihre Beziehungen und Ihr persönliches Wachstum eröffnen würden.

Als introvertierter Mensch, der auch mit ADHS zu kämpfen hat, kenne ich die Hindernisse, die einer sinnvollen Kommunikation im Wege stehen können, aus erster Hand. Diese Herausforderungen haben meine Neugierde dazu geweckt, mich in Bücher über Kommunikation, Beziehungen und Psychologie zu vertiefen. Mit jeder Seite, die ich umblätterte, entdeckte ich neue Konzepte, Techniken und Strategien, die Licht in die komplizierte Funktionsweise menschlicher Beziehungen bringen. Diese Perlen der Weisheit haben meine Fähigkeit, mit anderen in Kontakt zu treten, verändert und meine Leidenschaft dafür, diese Weisheiten mit der Welt zu teilen, wurde geweckt. Und so entstand dieser Sammelband – ein Höhepunkt meiner Erfahrungen, umfangreicher Recherchen und tiefgreifender Erkenntnisse über effektive

Kommunikation, die die Türen zu Verständnis, Zusammenarbeit und persönlichem Wachstum öffnet.

Dieser 3-in-1-Sammelband besteht aus drei Büchern, die sich jeweils auf einen Schlüsselaspekt effektiver Kommunikation konzentrieren: *Einflussnahme, interessant sein* und *Geschichten erzählen.* Im ersten Buch zur Einflussnahme lernen Sie, diese zu verstehen, um sie in Ihre Kommunikation zu integrieren. Entdecken Sie die Techniken und Strategien, mittels derer Sie Widerstände und Einwände überwinden können, während Sie sich in der Einflussnahme üben.

Im zweiten Buch werden Sie sich darauf konzentrieren, interessanter und einnehmender in Ihren Gesprächen zu werden. Verbessern Sie Ihre Sozialkompetenz und machen Sie sich mit sozialen Signalen bekannt und vertraut. Und um das Ganze noch zu toppen, hilft Ihnen dieses Buch zudem, Authentizität in Ihren Interaktionen zu fördern, um echte Beziehungen aufzubauen, die einen bleibenden Eindruck hinterlassen.

Im letzten Buch lernen Sie die transformative Kraft von Erzählungen, ihren Nutzen sowie die verschiedenen Arten von Erzählungen kennen, die Sie zu Ihrer Liste der Hilfsmittel für die Gesprächsführung hinzufügen können. Entdecken Sie, wie Sie mit Widerstand und Skepsis umgehen und Fallstricke und Fehler beim Erzählen von Geschichten vermeiden können. Zu guter Letzt lernen Sie, wie Sie fesselnde Geschichten schreiben, die andere inspirieren sowie ansprechen, und wie Sie auf einer tieferen Ebene mit diesen Menschen in Verbindung treten.

In diesem Sammelband finden Sie 39 Techniken, Tipps und Strategien dazu, wie Sie ein effektiverer Kommunikator werden können. Er ist absichtlich so gestaltet, dass er Ihnen als Leitfaden für jeden Schritt des Prozesses dienen kann. Nutzen Sie ihn als Leitfaden, um die Nuancen der Einflussnahme, Überzeugung, sozialer Kompetenz und des Geschichtenerzählens zu erlernen, um auf bewusste und authentische Weise zu kommunizieren.

Buch 1

Die Kunst der Beeinflussung

Die Macht der Überzeugung für Erfolg und Eindruck nutzen

Inhaltsverzeichnis

Kapitel 1

Einflussnahme verstehen

Einflussnahme ist die Fähigkeit, das Denken, Handeln und Verhalten anderer zu beeinflussen. Es geht um geschickte Kommunikation, Überzeugung und zwischenmenschliche Dynamiken, mittels derer sich Meinungen formen lassen, die aber auch zum Handeln inspirieren und Veränderungen bewirken. Dies geschieht ohne das Ausüben von Kontrolle oder den Einsatz von Manipulation, sondern vielmehr durch den Aufbau von Vertrauen, die Schaffung von Glaubwürdigkeit und den Appell an die Emotionen und Werte anderer. Einflussnahme funktioniert durch Kommunikation, Überzeugungstechniken, die Vorbildfunktion oder durch subtile Hinweise.

Das Ziel der Einflussnahme kann darin bestehen, positive Veränderungen zu bewirken, Meinungen zu formen, Verhaltensweisen zu beeinflussen oder Unterstützung für eine bestimmte Idee oder Sache zu gewinnen. Die Einflussnahme kann andere dazu motivieren, zu handeln, Beziehungen aufzubauen und Ziele zu erreichen. Sie kann auch dazu verwendet werden, die Art und Weise zu ändern, wie Menschen über ein bestimmtes Thema denken. Es gibt verschiedene Möglichkeiten, andere zu beeinflussen. Manche Menschen sind von Natur aus überzeugend, während andere sich mehr anstrengen müssen. Jeder kann jedoch einige wichtige Fähigkeiten erlernen, um einflussreicher zu werden.

Die Theorie des sozialen Einflusses wurde durch die Beiträge mehrerer prominenter Psychologen geprägt, die wichtige Untersuchungen zu diesem Bereich beigetragen haben. Eine einflussreiche Persönlichkeit ist Solomon Asch, der in den 1950er-Jahren bahnbrechende Forschungen zur Konformität durchführte. In seinen Experimenten beurteilten die Teilnehmer die Länge von Linien in Anwesenheit von Eingeweihten, die falsche Antworten gaben. Die Ergebnisse der Experimente zeigten den starken Einfluss von sozialem Druck auf das individuelle Urteilsvermögen.

Ein weiterer bemerkenswerter Psychologe ist Stanley Milgram, bekannt für sein umstrittenes Milgram-Experiment in den 1960er-Jahren. Milgrams Forschung untersuchte den Gehorsam gegenüber Autoritäten, indem der Psychologe die Bereitschaft der Teilnehmer testete, anderen Menschen Elektroschocks zuzufügen. Die Studie zeigte, dass Menschen unter dem Einfluss von vermeintlichen Autoritätspersonen zu schädlichen Handlungen neigen können.

Robert Cialdini ist eine weitere wichtige Persönlichkeit auf diesem Gebiet, bekannt für seine Arbeit über die Prinzipien der Überzeugung. Cialdini identifizierte sechs Schlüsselprinzipien effektiver Überzeugungsarbeit: *Gegenseitigkeit, Knappheit, Autorität, Folgewirksamkeit, Sympathie* und *soziale Bewährtheit.* Seine Forschung umfasste eine umfassende Beobachtung von realen Situationen und die Analyse erfolgreicher Überzeugungstaktiken.

Diese Psychologen entwickelten ihre Theorien durch rigorose Experimente, Datenanalyse und Beobachtung des menschlichen Verhaltens. Sie entwarfen systematisch Experimente, um die zugrunde liegenden Mechanismen sozialer Beeinflussung zu untersuchen, beobachteten Muster und Auswirkungen und zogen Schlussfolgerungen auf der Grundlage ihrer Erkenntnisse. Die von ihnen entwickelten Theorien bilden seither die Grundlage für das Verständnis von Beeinflussungsprozessen und finden breite Anwendung in der effektiven Kommunikation.

Sozialpsychologen und Kommunikationswissenschaftler haben mehrere wichtige Theorien über die Einflussnahme entwickelt. Diese Theorien bieten wertvolle Einblicke in die psychische und soziale Dynamik, die das menschliche Verhalten und die Entscheidungsfindung beeinflusst.

Drei der prominenten Theorien sind die folgenden:

Die Theorie des sozialen Einflusses

Die Theorie des sozialen Einflusses, auch ***Konformitätstheorie*** genannt, ist ein Zweig der Sozialpsychologie, der untersucht, wie die Handlungen, Glaubenssätze und Meinungen anderer den Einzelnen beeinflussen. Diese Theorie beleuchtet, auf welche Weise Menschen überredet werden, sich an Gruppennormen anpassen und Entscheidungen auf der Grundlage sozialer Interaktionen treffen. Im Zusammenhang mit effektiver Kommunikation wirft das Verständnis der Theorie des sozialen Einflusses ein Licht auf die Faktoren, die das menschliche Verhalten und die Entscheidungsfindung beeinflussen. Mit diesem Wissen können Kommunikatoren auf strategische Weise Überzeugungstechniken einsetzen, um ihr Publikum zu beeinflussen, es in ihren Bann zu ziehen und so die Effektivität ihrer kommunikativen Bemühungen zu steigern.

Sechs Schlüsselprinzipien

Die Prinzipien des sozialen Einflusses bieten Einblicke in die zugrunde liegenden Mechanismen und Faktoren, die das menschliche Verhalten in sozialen Situationen beeinflussen. Im Folgenden finden Sie die sechs Schlüsselprinzipien des sozialen Einflusses nach Robert Cialdini.

- **Gegenseitigkeit:** Das Prinzip der Gegenseitigkeit besagt, dass Menschen sich verpflichtet fühlen, anderen für Gefallen, Geschenke oder Freundlichkeit zu danken. Wenn jemand etwas für Sie tut, haben Sie oft das Gefühl, in seiner Schuld zu stehen, und sind eher dazu bereit, seine Wünsche oder Erwartungen zu erfüllen. Gegenseitigkeit wird häufig in Marketing- und Verkaufsstrategien eingesetzt, wo Unternehmen kostenlose Proben oder kleine Geschenke anbieten, um ein Gefühl der Gegenseitigkeit auszulösen und die Wahrscheinlichkeit eines Kaufs zu erhöhen.

- **Autorität:** Das Prinzip der Autorität besagt, dass Menschen Anfragen oder Anweisungen von Personen befolgen, die als Autoritätspersonen wahrgenommen werden. Autorität kann aus Fachwissen, Status oder Referenzen herrühren. Menschen befolgen eher die Empfehlungen oder Anweisungen von Ärzten, Professoren oder anerkannten Experten auf einem bestimmten Gebiet. Das Milgram-Experiment, bei dem der Gehorsam gegenüber Autoritäten untersucht wurde, hat gezeigt, welch starken Einfluss Autoritätspersonen auf das Verhalten haben können.

- **Soziale Bewährtheit:** Das Prinzip der sozialen Bewährtheit besagt, dass Menschen sich an anderen orientieren, um herauszufinden, wie sie sich verhalten sollen, insbesondere in Situationen, in denen sie sich unsicher oder verwirrt fühlen. Wenn Sie andere Menschen beobachten, die ein bestimmtes Verhalten an den Tag legen oder die bestimmte Glaubenssätze haben, passen Sie sich an diese Menschen an und übernehmen ähnliche Verhaltensweisen oder Glaubenssätze. Dieses Prinzip erklärt den Herdentrieb, bei dem der Einzelne seine Handlungen an der Gruppe ausrichtet, die er als die Mehrheit wahrnimmt.

- **Verpflichtung und Konsistenz:** Das Prinzip der Verpflichtung und Konsistenz besagt, dass Menschen ein starkes Verlangen danach haben, sich konsequent an ihre früheren Verpflichtungen, Glaubenssätze oder Aussagen zu halten. Wenn Sie einmal eine öffentliche Verpflichtung eingegangen sind oder einen Standpunkt zu einem bestimmten Thema eingenommen haben, werden Sie wahrscheinlich konsequent bleiben. Dieses Prinzip zeigt sich in Beeinflussungstechniken, bei denen es darum geht, zunächst kleine Zusagen zu erhalten, die im Laufe der Zeit zu größeren und bedeutenderen Zusagen führen.

- **Sympathie:** Das Prinzip der Sympathie besagt, dass Menschen eher bereit sind, Aufforderungen anderer nachzukommen oder sich von anderen beeinflussen zu lassen, wenn sie die entsprechende Person mögen oder attraktiv finden. Faktoren wie körperliche Attraktivität, Gemeinsamkeiten und Lob können zur Sympathie für eine Person beitragen. Influencer und Verkäufer versuchen oft, eine Beziehung mit dem Interessenten aufzubauen und ein Gefühl der Sympathie zu erzeugen, um ihre Überzeugungskraft zu steigern.

- **Knappheit:** Das Prinzip der Knappheit besagt, dass Menschen Gegenstände oder Gelegenheiten als wertvoller wahrnehmen, wenn sie begrenzt oder knapp sind. Die Angst, etwas zu verpassen, oder der Wunsch, etwas Einzigartiges zu besitzen, treibt Menschen dazu, Aufforderungen nachzukommen oder zeitlich begrenzte Angebote wahrzunehmen. Marketing- und Verkaufsstrategien nutzen Knappheit, indem begrenzt erhältliche Bestände, exklusive Angebote oder zeitlich begrenzte Aktionen ein Gefühl der Dringlichkeit erzeugen und die Wahrscheinlichkeit des Handelns erhöhen.

Diese Prinzipien bieten wertvolle Einblicke in die Beeinflussung von Personen und darin, wie die Einflussnahme in verschiedenen Kontexten auf ethisch vertretbare Weise Anwendung finden kann, wie z. B. im Marketing, bei Verhandlungen, in Führungspositionen und bei Bemühungen um sozialen Wandel. Sie sollten sich jedoch darüber im Klaren sein, dass sozialer Einfluss auch auf unethische Weise genutzt werden kann, um Menschen zu manipulieren oder auszubeuten. Setzen Sie diese Prinzipien daher auf verantwortungsvolle und integre Art ein.

Die Theorie der Überzeugung

Die Theorie der Überzeugung ist ein Teilgebiet der Sozialpsychologie, das sich mit der Beeinflussung und Veränderung der Einstellungen, Glaubenssätze und Verhaltensweisen von Menschen durch Kommunikation beschäftigt. Dabei geht es darum, zu verstehen, auf welche Weise Botschaften gestaltet, übermittelt und empfangen werden, um die gewünschten Ergebnisse zu erzielen. Diese Theorien bieten wertvolle Einblicke in die Mechanismen der Überzeugung und informieren über Strategien für eine effektive Kommunikation, indem sie Faktoren wie die Motivation des Publikums, die Fähigkeit, Informationen zu verarbeiten, und die Glaubwürdigkeit der Quelle berücksichtigen.

Faktoren

Theorien der Überzeugung untersuchen verschiedene Faktoren, die die Wirksamkeit überzeugender Kommunikation beeinflussen, wie z. B.:

- **Die Quelle der Botschaft:** Die Quelle der Botschaft bezieht sich auf die Person oder Einrichtung, die die überzeugende Kommunikation übermittelt. Faktoren wie *Glaubwürdigkeit, Fachwissen, Sympathie* und *wahrgenommene Vertrauenswürdigkeit der Quelle* beeinflussen die Wirksamkeit der Botschaft. Menschen sind eher bereit, sich von einer Quelle überzeugen zu lassen, die als glaubwürdig, sachkundig und vertrauenswürdig wahrgenommen wird.

- **Inhalt der Botschaft:** Der Inhalt der Botschaft umfasst die *Argumente, Beweise, emotionalen Appelle* und *Erzähltechniken*, die verwendet werden, um die beabsichtigte Botschaft zu vermitteln. Der Inhalt sollte klar, logisch, relevant und auf die Bedürfnisse und Werte der Zielgruppe zugeschnitten sein. Starke Argumente, unterstützende Beweise und spannende Erzählungen erhöhen die Überzeugungskraft der Botschaft.

- **Das für die Kommunikation verwendete Medium:** Das Medium bezieht sich auf den *Kanal* oder die *Plattform*, über die die Nachricht vermittelt wird. Verschiedene Medien, wie z. B. *persönliche Gespräche, schriftliche Texte, Videos* oder *soziale Medien,* haben unterschiedliche Stärken und Grenzen, wenn es darum geht, das Publikum zu erreichen und zu begeistern. Bei der Wahl des Mediums sollten Sie die Eigenschaften des Publikums, die Art der Botschaft und das gewünschte Ergebnis berücksichtigen. Wählen Sie ein Medium, das eine effektive Übermittlung der Botschaft ermöglicht und das Potenzial zur Einbindung des Publikums maximiert.

- **Merkmale des Publikums:** Die Eigenschaften des Publikums, wie *Einstellungen, Glaubenssätze, Werte, Wissen* und *demografische Faktoren*, haben großen Einfluss auf die Wirksamkeit überzeugender Kommunikation. Die Analyse des Publikums hilft, die Bedürfnisse, Interessen, Beweggründe und potenziellen Hindernisse für die Überzeugungsarbeit zu verstehen. Die Anpassung der Botschaft an die Werte der Zielgruppe, das Eingehen auf ihre spezifischen Anliegen und die Verwendung von Sprache und Appellen, die die Zielgruppe ansprechen, verstärken die überzeugende Wirkung der Kommunikation. Berücksichtigen Sie weitere Faktoren wie *kognitive Fähigkeiten, kulturelle Hintergründe* und *individuelle Unterschiede* innerhalb der Zielgruppe, um sicherzustellen, dass die Botschaft auf effektive Art vermittelt wird.

Modelle der Überzeugung

Modelle der Überzeugung beziehen sich auf theoretische Rahmenwerke, die helfen, den Prozess der persuasiven Kommunikation zu erklären und zu verstehen. Diese Modelle bieten strukturierte Richtlinien und Rahmen für die Analyse und Vorhersage dessen, wie

Menschen durch persuasive Botschaften beeinflusst werden. Die wichtigsten Komponenten und Prozesse, die bei der Überzeugung eine Rolle spielen, einschließlich Faktoren wie der Quelle der Botschaft, des Inhalts der Botschaft, der Kommunikationskanäle und der Eigenschaften des Publikums, wurden hier ebenfalls skizziert.

Modelle der Überzeugung wie das *Elaboration Likelihood Model (ELM)* und die *Theory of Planned Behavior (TPB)* helfen, zu verstehen, auf welche Weise Individuen persuasive Botschaften verarbeiten und auf diese reagieren und welche Faktoren ihre Einstellungen, Glaubenssätze und Verhaltensweisen beeinflussen.

- **Das Modell der Elaborationswahrscheinlichkeit (ELM):** Das ELM (engl. Elaboration Likelihood Model) schlägt zwei Wege der Überzeugung vor: den *zentralen Weg* und den *peripheren Weg*. Der ***zentrale Weg*** beinhaltet eine sorgfältige Bewertung und Prüfung des Inhalts der Nachricht, während der ***periphere Weg*** sich auf periphere Anhaltspunkte wie die Attraktivität oder Glaubwürdigkeit der Quelle stützt. Das ELM erklärt außerdem, wann und warum verschiedene Überzeugungstechniken mehr oder weniger effektiv sind.

- **Die Theorie des sozialen Urteils (SJT):** Die SJT (engl. Social Judgement Theory) geht davon aus, dass Menschen persuasive Botschaften, die sie wahrnehmen, mit ihren bestehenden Einstellungen oder Ankerpositionen vergleichen. Die wahrgenommene Diskrepanz zwischen der Botschaft und der Einstellung des Einzelnen bestimmt den Grad der Überzeugung. Die Theorie führt die Konzepte der Bereiche Akzeptanz, Ablehnung und Indifferenz ein, um die Bandbreite der möglichen Einstellungsänderungen erklären zu können.

- **Die Theorie des geplanten Verhaltens (TPB):** Die TPB (engl. Theory of Planned Behavior) hilft bei der Erklärung und Vorhersage menschlichen Verhaltens auf der Grundlage der Einstellungen, der subjektiven Normen und der wahrgenommenen Verhaltenskontrolle einer Person. Die Theorie besagt, dass die Absichten der Menschen, etwas zu tun, von ihren Einstellungen beeinflusst werden; davon, was sie glauben, was andere von ihnen erwarten, und davon, wie viel Kontrolle sie über das Verhalten zu haben glauben. Wenn Sie zum Beispiel jemanden davon überzeugen wollen, mehr zu recyceln, müssen Sie sich mit seinen Glaubenssätzen über das Recycling befassen, mit dem, was andere darüber denken, und damit, wie einfach es für die Person ist, zu recyceln. Mit den Prinzipien der TPB können Sie überzeugende Botschaften formulieren, die das Verhalten der Menschen ändern können.

- **Die Theorie der kognitiven Dissonanz (CDT):** Die CDT (engl. Cognitive Dissonance Theory) besagt, dass Menschen Unbehagen empfinden, wenn ihre Einstellungen oder Glaubenssätze mit ihrem Verhalten oder neuen Informationen in Konflikt geraten. Überzeugungsversuche können kognitive Dissonanz erzeugen und anschließend eine Lösung oder Alternative anbieten, die das Unbehagen verringert. Menschen ändern ihre Einstellungen oder Verhaltensweisen wahrscheinlich, wenn dies die Dissonanz verringert.

Personen, die mit kognitiver Dissonanz konfrontiert sind, sind motiviert, die Diskrepanz zwischen ihren Glaubenssätzen und ihrem Verhalten zu verringern. Es gibt verschiedene Möglichkeiten, wie Menschen unter Umständen versuchen, diese Spannung aufzulösen:

- Indem sie einen der widersprüchlichen Glaubenssätze, Werte oder Haltungen ändern.
- Indem sie neue Informationen oder Glaubenssätze erwerben, um den widersprüchlichen Glaubenssatz oder das Verhalten zu rechtfertigen.
- Indem sie den widersprüchlichen Glaubenssatz oder das Verhalten rationalisieren.
- Durch Verleugnung oder selektive Exposition.
- Indem sie die Bedeutung widersprüchlicher Glaubenssätze ändern.

Die Theorie der sozialen Identität

Die Theorie der sozialen Identität (SIT, engl. Social Identity Theory) ist eine Theorie, die erklärt, auf welche Art das Selbstverständnis und die Identität des Einzelnen durch seine Zugehörigkeit zu sozialen Gruppen geprägt werden. Die von Henri Tajfel und John

Turner in den 1970er-Jahren entwickelte SIT bietet Einblicke in das komplizierte Zusammenspiel zwischen persönlicher Identität und Gruppenidentität und beleuchtet, auf welche Weise Gruppen den Einzelnen beeinflussen und zu dessen sozialem Verhalten beitragen. Laut dieser Theorie streben die Menschen danach, eine positive soziale Identität aufrechtzuerhalten, indem sie die positiven Eigenschaften und die Besonderheit ihrer Gruppe im Vergleich zu anderen Gruppen betonen.

Wenn Sie verstehen, wie die Theorie der sozialen Identität dabei helfen kann, eine effektive Kommunikation zu gestalten, können Sie Ihre Botschaften so zuschneiden, dass sie die sozialen Identitäten Ihres Publikums ansprechen. Indem Sie gemeinsame Werte, Überzeugungen und Erfahrungen hervorheben, können Sie ein Gefühl der Zugehörigkeit und Einheit schaffen und so die Überzeugungskraft Ihrer Kommunikation erhöhen. Wenn Sie den potenziellen Einfluss der sozialen Identität erkennen, können Sie außerdem möglichen Widerstand oder Skepsis von Personen, die sich stark mit konkurrierenden Gruppen identifizieren, vorhersehen und darauf reagieren.

Kernprinzipien

- **Soziale Kategorisierung:** SIT geht davon aus, dass Menschen sich selbst und andere auf der Grundlage gemeinsamer Merkmale wie Nationalität, ethnische Zugehörigkeit, Religion oder Organisationszugehörigkeit in soziale Gruppen einordnen. Eine solche Kategorisierung ist die Grundlage für die soziale Identifikation und prägt Einstellungen, Glaubenssätze und Verhaltensweisen.

- **Sozialer Vergleich:** Sobald sich der Einzelne mit einer bestimmten Gruppe identifiziert hat, nutzt er soziale Vergleichsprozesse, wie den Vergleich seiner Gruppe mit anderen Gruppen, um sich eine positive soziale Identität aufzubauen. Menschen stärken ihr Selbstwertgefühl und Zugehörigkeitsgefühl, indem sie die positiven Eigenschaften und Leistungen ihrer Gruppe hervorheben.

- **In-Group Bias:** Die Theorie der sozialen Identität besagt, dass Menschen ihre eigene Gruppe bevorzugen, was als In-Group Bias bekannt ist. Diese Verzerrung führt einerseits zu einer positiven Bewertung der eigenen Gruppe und ihrer Mitglieder und andererseits oft zu einer negativen Wahrnehmung der Menschen außerhalb dieser Gruppe. In-Group Bias kann zu Konflikten zwischen Gruppen, zu Stereotypen und zu Diskriminierung beitragen.

- **Intergruppen-Differenzierung:** SIT erklärt, wie sich Gruppen durch die Betonung von Unterschieden und Besonderheiten von anderen Gruppen abgrenzen. Durch die Betonung einzigartiger Eigenschaften und Werte versuchen Gruppen, eine positive soziale Identität aufrechtzuerhalten und Grenzen zwischen sich und anderen Gruppen zu schaffen.

Diese Theorien bieten einen Rahmen für das Verständnis der verschiedenen Mechanismen und Prozesse, durch die Einfluss in sozialen Interaktionen funktioniert, und können helfen, die Dynamik von Überzeugung, Konformität und Gruppenverhalten zu erklären.

Kapitel 2

Einfluss aufbauen

Stile von Einflussnahme bestimmen, auf welche Weise Sie Einfluss ausüben und andere überzeugen. Verschiedene Stile der Beeinflussung haben unterschiedliche Auswirkungen auf die Ergebnisse von kommunikativen Interaktionen. In diesem Kapitel lernen Sie, sich diese Einflussstile zu eigen zu machen, um andere effektiv beeinflussen und überzeugen zu können, was zu erfolgreicheren und wirkungsvolleren Ergebnissen in der Kommunikation führt.

Die verschiedenen Stile der Beeinflussung

Jeder hat seinen eigenen Kommunikationsstil, aber darüber hinaus haben die Menschen auch ihre eigenen Stile der Einflussnahme. Als Kommunikator sollten Sie wissen, welchen Sie bevorzugen, um bestimmen zu können, wie Sie Einfluss ausüben und andere überzeugen wollen. Die Wahl des Stils der Beeinflussung hängt vom Kontext, dem Publikum und dem gewünschten Ergebnis in der Kommunikation ab.

Die folgenden vier Stile der Beeinflussung gibt es:

Der logische und rationale Stil

Der logische Stil ist davon geprägt, dass er den Schwerpunkt auf logische Argumentation und objektive Informationen legt. Er zeichnet sich dadurch aus, dass bei seiner Anwendung klare, strukturierte und evidenzbasierte Argumente präsentiert werden. Kommunikatoren, die diesen Stil verwenden, sind geschickt darin, Fakten, Daten und logische Analysen zu präsentieren, um ihre Ideen zu untermauern. Die Organisation von Gedanken und Beweisen wird ebenfalls sorgfältig durchdacht, um eine zusammenhängende Erzählung zu schaffen und das rationale Denken der Zuhörer anzusprechen, indem an ihre Logik und analytische Denkweise appelliert wird. Logische Kommunikatoren formulieren ihre Ideen auch in einer logischen Reihenfolge, sodass es für die Zuhörer einfacher ist, komplexen Informationen zu folgen und sie zu verstehen.

Der Einsatz des logischen und rationalen Stils hat sich als effektiv erwiesen, wenn ein gut strukturierter und logischer Ansatz erforderlich ist, um Meinungen und Entscheidungen zu beeinflussen. Diejenigen, die diesen Stil anwenden, betonen die praktischen Vorteile und die Folgerichtigkeit ihrer Ideen. Sie konzentrieren sich auf greifbare Ergebnisse, bieten Lösungen an, die dem gesunden Menschenverstand entsprechen, und schlagen vor, rationale Entscheidungen zu treffen. Das Aufzeigen der praktischen Anwendbarkeit von Argumenten erhöht die Wahrscheinlichkeit, dass das Publikum die Vorschläge akzeptiert und danach handelt.

Der emotionale und persönliche Stil

Beim emotionalen Stil der Beeinflussung geht es darum, an die persönlichen Gefühle des Publikums zu appellieren, um eine Botschaft zu vermitteln und eine gewünschte Reaktion hervorzurufen. Ein solcher Stil erkennt an, dass Menschen von Natur aus emotionale Wesen sind und dass ihre Entscheidungen und Handlungen stark von ihren Gefühlen beeinflusst werden.

Die Forschung hat immer wieder gezeigt, dass Emotionen bei der Entscheidungsfindung eine Rolle spielen. Wenn Emotionen im Spiel sind, können diese das logische Denken außer Kraft setzen und die Wahrnehmungen, Präferenzen und Handlungen von Menschen beeinflussen. Diejenigen, die den emotionalen Stil verwenden, nutzen diesen Effekt, um die Einstellungen, Verhaltensweisen und Glaubenssätze des Publikums zu beeinflussen. Gefühle wie Empathie, Freude, Angst oder Hoffnung werden geweckt, um eine tiefere Verbindung zum Publikum aufzubauen. Indem Sie starke Emotionen bei Ihrem Publikum hervorrufen, schaffen Sie ein Gefühl der Dringlichkeit oder des Verlangens, wodurch Ihre Botschaft einprägsamer und überzeugender wird.

Trotz der Wirksamkeit von emotionalen Appellen sollten Sie als Kommunikator ein Gleichgewicht finden und auf Authentizität achten. Die Manipulation von Emotionen zum persönlichen Vorteil kann das Vertrauen in Sie und Ihre Glaubwürdigkeit untergraben. Mit Authentizität und Aufrichtigkeit hingegen bauen Sie stärkere Verbindungen auf und fördern das Vertrauen Ihres Publikums.

Der kooperative und kollaborative Stil

Der kooperative Stil beruht auf Zusammenarbeit, Kooperation und dem Aufbau positiver Beziehungen. Diejenigen, die diesen Stil anwenden, stellen die Bedürfnisse und Perspektiven anderer in den Vordergrund und versuchen, mit ihnen eine gemeinsame Basis zu finden und ein Gefühl der Einheit zu fördern. Kommunikatoren, die diesen Stil verwenden, wissen, dass es bei effektiver Kommunikation nicht darum geht, Dominanz auszuüben oder Diskussionen zu gewinnen, sondern vielmehr darum, ein harmonisches Umfeld zu schaffen.

Das Finden von Win-win-Lösungen schafft Ergebnisse, die den Bedürfnissen und Zielen aller Beteiligten gerecht werden, und ebnet den Weg für nachhaltige und für beide Seiten vorteilhafte Resultate.

Schlüsselelemente des kooperativen Stils

Zum kooperativen Stil gehören die folgenden Elemente:

- **Aktives Zuhören:** Kommunikatoren, die den kooperativen Stil verwenden, hören anderen aktiv zu und versuchen, deren Standpunkte, Anliegen und Bedürfnisse zu verstehen. Sie zeigen echtes Interesse und Einfühlungsvermögen und schaffen so eine sichere und offene Atmosphäre für Kommunikation.

- **Kollaboration und Teamarbeit:** Kooperative Kommunikatoren konzentrieren sich auf Zusammenarbeit und

Teamwork, laden andere ein, ihren Beitrag zu leisten, und schätzen dabei unterschiedliche Perspektiven. Brainstorming, Problemlösungsstrategien und die Suche nach Win-win-Lösungen werden ebenfalls gefördert.

- **Vertrauen und Beziehungen aufbauen:** Vertrauen und Beziehungen sind für den kooperativen Stil unerlässlich. Kommunikatoren dieses Stils investieren Zeit und Mühe, um Beziehungen aufzubauen, Respekt zu zeigen und die Meinung anderer zu schätzen.

- **Den Konsens suchen:** Anstatt ihre Ideen oder Entscheidungen durchzusetzen, bemühen sich kooperative Kommunikatoren um einen Konsens. Der Dialog hilft ihnen dabei, verschiedene Standpunkte zu erkunden, und erleichtert die gemeinsame Entscheidungsfindung.

Der selbstbewusste und fachlich fundierte Stil

Der selbstbewusste und fachlich fundierte Stil der Beeinflussung ist ein direkter und souveräner Kommunikationsansatz, der Selbstvertrauen, Wissen und Autorität kombiniert, um andere auf effektive Weise zu überzeugen. Kommunikatoren, die sich diesen Stil zu eigen machen, vertreten ihre Ideen, Meinungen und Empfehlungen mit Überzeugung und untermauern ihre Behauptungen mit Beweisen und Fachwissen. Dieses Selbstvertrauen trägt dazu bei, die Aufmerksamkeit anderer zu erregen, und schafft Glaubwürdigkeit, was es leichter macht, andere zu überzeugen und zu beeinflussen.

Bei der Präsentation überzeugender Argumente werden Gedanken und Ideen auf gekonnte Art dargestellt. Mit diesem Stil setzen Sie Ihr Wissen ein, um sich als zuverlässige und vertrauenswürdige Quelle zu positionieren. Der selbstbewusste und fachlich fundierte Stil der Beeinflussung ist besonders effektiv, wenn Fachwissen und Glaubwürdigkeit geschätzt werden und das Ziel darin besteht, genaue Informationen zu liefern und auf der Grundlage solider Beweise Zustimmung zu erhalten.

Wenn Sie mehr über diesen Stil lernen, sollten Sie wissen, dass es nicht darum geht, Ihr Publikum zu überrollen. Sorgen Sie für ein Gleichgewicht zwischen Selbstbewusstsein und Respekt für die Ansichten anderer und fördern Sie so ein kooperatives und offenes Umfeld, um effektive Kommunikation zu gewährleisten.

Schätzen Sie sich selbst ein

Wenn Sie Ihre Präferenzen in einem Gespräch verstehen und anpassen, führt dies zu erfolgreicheren und wirkungsvolleren Ergebnissen in der Kommunikation. Um Ihren Stil der Beeinflussung zu verstehen, sollten Sie Ihre Stärken und Ihre verbesserungswürdigen Bereiche wie folgt bewerten:

Bewerten Sie Ihre Kommunikationsmuster

Achten Sie auf Ihre typischen Kommunikationsmuster. Denken Sie über die spezifischen Strategien und Techniken nach, die Sie verwenden, wenn Sie versuchen, andere zu beeinflussen. *Neigen Sie eher dazu, logische Argumente vorzubringen, an Emotionen zu appellie-*

ren, Beziehungen aufzubauen oder Ihre Ideen und Vorlieben durchzusetzen? Achten Sie auf wiederkehrende Muster oder Tendenzen, die sich in Ihren Interaktionen zeigen. Überlegen Sie, auf welche Weise Sie normalerweise eine Beziehung zu anderen aufbauen und Vertrauen schaffen.

Denken Sie über vergangene Erfahrungen nach

Denken Sie an Situationen in der Vergangenheit, in denen Sie andere erfolgreich beeinflusst haben. Erinnern Sie sich an Fälle, in denen Sie jemanden dazu gebracht haben, Ihren Standpunkt zu vertreten oder eine bestimmte Handlung vorzunehmen. Überlegen Sie, wie Sie die Kommunikation angegangen sind und welche Strategien Sie angewandt haben.

Erfragen Sie Feedback

Bitten Sie vertrauenswürdige Freunde, Kollegen oder Mentoren um ihre Beobachtungen und ihr Feedback zu Ihrem Kommunikationsstil. Erkundigen Sie sich, wie sie Ihren Ansatz zur Beeinflussung und Überzeugung anderer wahrnehmen. Diese Einblicke bieten wertvolle Perspektiven und geben Aufschluss über Ihre natürlichen Neigungen.

Berücksichtigen Sie kontextuelle Faktoren

Beurteilen Sie, wie sich Ihr Stil der Beeinflussung in verschiedenen Kontexten und bei verschiedenen Zielgruppen unterscheidet. *Gibt es Situationen, in denen Sie Ihren Ansatz auf natürliche Weise anpassen?* Achten Sie auf Veränderungen in Ihrem Verhalten, die von

Faktoren wie der Art des Themas, der Beziehung zu der jeweiligen Person oder dem gewünschten Ergebnis abhängen.

Beobachten Sie die Reaktionen

Achten Sie darauf, wie andere auf Ihre Beeinflussungsversuche reagieren. *Scheinen sie für bestimmte Strategien empfänglicher zu sein? Gibt es bestimmte Ansätze, die durchweg zu positiven Ergebnissen führen?* Achten Sie auf etwaige Muster in den Reaktionen und Antworten, die Sie von verschiedenen Personen erhalten.

Erforschen Sie mehrere Stile

Machen Sie sich mit verschiedenen Stilen der Einflussnahme vertraut, z. B. dem logischen, dem emotionalen, dem kooperativen oder dem selbstbewussten. Studieren Sie ihre Eigenschaften, Stärken und möglichen Nachteile. Beurteilen Sie, wie gut jeder Stil mit Ihren Beobachtungen und dem erhaltenen Feedback übereinstimmt.

Reflektieren Sie über Ausrichtung und Effektivität

Überlegen Sie, inwieweit Ihr dominanter Stil der Einflussnahme mit Ihren Werten, Kommunikationszielen und gewünschten Ergebnissen übereinstimmt. Reflektieren Sie die Effektivität Ihres Stils bei der Erzielung positiver Ergebnisse und dem Aufbau enger Beziehungen. Ermitteln Sie Bereiche, in denen Sie sich verbessern oder Ihr Repertoire erweitern können.

Denken Sie daran, dass die Einflussnahme nicht starr oder auf einen einzigen Ansatz beschränkt ist. Flexibilität und Anpassungsfähigkeit sind der Schlüssel zu effektiver Kommunikation. Wenn Sie Ihren dominanten Stil erkannt haben, sollten Sie bereit sein, Ihren Ansatz zu verfeinern und zu erweitern, um ihn an unterschiedliche Situationen und Personen anpassen zu können. Durch Selbsterkenntnis und ständige Übung können Sie Ihren Kommunikationsstil verfeinern und zu einem wirkungsvolleren Kommunikator werden.

Implementierung

Hier finden Sie einige praktische Techniken und Strategien, mit denen Sie Ihren Einfluss geltend machen können, um effektiv zu kommunizieren:

Bauen Sie Beziehungen auf

Beziehungen aufzubauen bedeutet, eine Verbindung zu einer anderen Person herzustellen, die es Ihnen ermöglicht, Vertrauen und Verständnis für diese andere Person zu entwickeln.

- **Finden Sie Gemeinsamkeiten.** Das kann ein gemeinsames Hobby sein oder ein ähnlicher Hintergrund.

- **Zeigen Sie echtes Interesse** an Ihrem Gesprächspartner, indem Sie ihm aktiv zuhören, Fragen stellen und Feedback geben. Damit zeigen Sie, dass Sie die Sichtweise Ihres Gesprächspartners schätzen, und fördern eine tiefere Verbindung.

- **Setzen Sie eine positive Körpersprache ein,** indem Sie Augenkontakt herstellen, lächeln und nicken. Eine positive Körpersprache zeigt, dass Sie sich auf das Gespräch einlassen.

Etablieren Sie Vertrauen

Vertrauen ermöglicht eine offene und transparente Kommunikation, bei der Menschen das sichere Gefühl haben, ihre Gedanken, Gefühle und Ideen äußern zu können, ohne Angst vor Verurteilung oder Verrat haben zu müssen. Es ist das Vertrauen und der Glaube, den andere in unsere Ehrlichkeit, Zuverlässigkeit und Kompetenz haben. Wenn Vertrauen vorhanden ist, fließt die Kommunikation reibungsloser, Missverständnisse werden minimiert und eine gemeinsame Problemlösungsfindung wird möglich. Hier sind einige Strategien zum Aufbau von Vertrauen:

- **Halten Sie Ihre Versprechen und kommen Sie Ihren Verpflichtungen nach.** Ihre Worte und Taten sollten aufeinander abgestimmt sein.

- **Kommunizieren Sie auf ehrliche und authentische Weise.** Vermeiden Sie Übertreibungen oder Manipulationen, da dies das Vertrauen beschädigen kann.

- **Behandeln Sie Informationen, die Ihnen mitgeteilt werden, vertraulich.** Wenn Sie ein Ihnen anvertrautes Geheimnis für sich behalten, zeigt das, dass Sie vertrauenswürdig sind.

Etablieren Sie Glaubwürdigkeit

Glaubwürdigkeit geht Hand in Hand mit Vertrauen. Um andere effektiv beeinflussen zu können, müssen Sie Vertrauen und Glaubwürdigkeit aufbauen, indem Sie Fachwissen demonstrieren, Beweise vorlegen und sich selbst als sachkundig und zuverlässig darstellen. Um Glaubwürdigkeit aufzubauen, müssen Sie gut recherchierte Beweise vorlegen, relevante Qualifikationen kundtun und konsequent zuverlässige Informationen liefern. Menschen sind eher bereit, sich von Personen überzeugen zu lassen, die sie als glaubwürdig und vertrauenswürdig empfinden. Um Ihre Glaubwürdigkeit zu erhöhen, sollten Sie Folgendes tun:

- **Erweitern Sie kontinuierlich Ihr Wissen und Ihre Expertise in Ihrem Interessengebiet.** Bleiben Sie auf dem Laufenden über die neuesten Forschungen, Trends und Entwicklungen, um genaue und relevante Informationen liefern zu können und sich als glaubwürdige Quelle zu positionieren.

- **Zeigen Sie Ihre Fähigkeiten und Kompetenzen durch Ihre Arbeit und Ihre Erfolge.** Heben Sie Ihre Errungenschaften, Zertifizierungen, Qualifikationen und relevanten Erfahrungen hervor. Dieser Kompetenznachweis stärkt Ihre Glaubwürdigkeit und erweckt Vertrauen bei anderen.

- **Engagieren Sie sich in professionellen Gemeinschaften, besuchen Sie Branchenveranstaltungen und arbeiten Sie mit anderen Experten zusammen.** Durch Networking und den Aufbau von Beziehungen zu glaubwürdigen Personen in Ihrem Fachbereich erhöhen Sie Ihre Glaubwürdigkeit durch Assoziation.

Der erste Eindruck zählt

Der erste Eindruck bestimmt oft, wie andere Sie wahrnehmen und wie Sie diese beeinflussen können. Er legt den Grundstein für erfolgreiche Kommunikation und Einflussnahme. Befolgen Sie die unten aufgeführten Strategien, um einen guten ersten Eindruck zu hinterlassen:

- Betreiben Sie Körperpflege.
- Kleiden Sie sich dem Anlass entsprechend.
- Stellen Sie Augenkontakt her und lächeln Sie.
- Sprechen Sie auf klare und prägnante Weise.
- Seien Sie höflich und respektvoll.
- Hören Sie der anderen Person aktiv zu.

Kennen Sie Ihr Publikum

Es ist wichtig, Ihre Botschaft so zu gestalten, dass sie bei Ihrem Publikum ankommt. Wenn Sie die Bedürfnisse, Werte und Perspektiven der Personen, mit denen Sie kommunizieren, verstehen, können Sie Ihre Botschaft so formulieren, dass sie die Interessen und Anliegen Ihres Publikums anspricht. Wenn Sie Ihre Sprache, Ihren Tonfall und Ihre Beispiele an den Hintergrund und die Vorlieben Ihres Publikums anpassen, erhöht sich die Wahrscheinlichkeit, dass Sie dessen Denken erfolgreich beeinflussen können.

Appellieren Sie an die Emotionen

Gestalten Sie Ihre Kommunikation so, dass sie positive Emotionen wie Freude, Hoffnung oder Empathie hervorruft, um Ihr Publikum anzusprechen und eine positive Reaktion hervorzurufen. Wenn Sie an die Emotionen Ihres Publikums appellieren, schaffen Sie eine tiefere Verbindung und erhöhen die Wirkung Ihrer Botschaft. Verwenden Sie emotionale Appelle jedoch auf ethisch vertretbare und verantwortungsvolle Weise und stellen Sie sicher, dass diese Appelle mit der beabsichtigten Botschaft übereinstimmen.

Nutzen Sie die soziale Bewährtheit

Menschen orientieren sich oft an anderen, wenn sie Entscheidungen treffen. Wenn Sie sich durch Zeugnisse, Fallstudien oder Statistiken die soziale Bewährtheit zunutze machen, können Sie Menschen beeinflussen, indem Sie zeigen, dass andere Ihren Standpunkt bereits übernommen oder die von Ihnen gewünschte Maßnahme ergriffen haben. Die Hervorhebung von Erfolgsgeschichten und positiven Erfahrungen kann das Vertrauen in Ihre Botschaft stärken und das Publikum beruhigen.

Kapitel 3

Widerstände und Einwände überwinden

Bei dem Versuch, überzeugend zu kommunizieren, stößt man häufig auf Widerstand und Einwände von anderen. Diese Herausforderungen können die Wirksamkeit Ihrer Argumente behindern und es schwierig machen, die Glaubenssätze und Verhaltensweisen Ihres Publikums zu beeinflussen. Wenn Sie jedoch das Wesen von Widerstand und Einwänden verstehen und wirksame Strategien anwenden, können Sie diese Hindernisse umgehen und Ihre Chancen auf eine erfolgreiche Überzeugungsarbeit erhöhen. In diesem Kapitel finden Sie eine Reihe von Techniken zur Überwindung von Widerständen und Einwänden, die Sie in Ihren täglichen Gesprächen anwenden können.

Hören Sie aktiv zu

Einflussnahme ist ein beidseitiger Prozess. Um Widerständen und Einwänden wirksam begegnen zu können, sollten Sie aktiv zuhören und einen echten Dialog mit Ihrem Publikum führen. Erkennen Sie seinen Standpunkt an, bestätigen Sie seine Bedenken und zeigen Sie echtes Interesse an seiner Sichtweise. Wenn Sie sich die Ansichten und Bedenken Ihres Publikums anhören, können Sie auf Einwände eingehen und Ihre Argumente entsprechend anpassen. Wenn Sie Einfühlungsvermögen und Verständnis zeigen, schaffen Sie eine sichere Atmosphäre für einen offenen Dialog, der Vertrauen schafft und die Wahrscheinlichkeit erhöht, dass Ihr Publikum alternative Standpunkte in Betracht ziehen wird.

Seien Sie vorausschauend und setzen Sie auf gute Vorbereitung

Wie das berühmte Zitat von Stephen Covey besagt: *„Kriege werden im Zelt des Generals gewonnen."* Bevor Sie überhaupt mit einer überzeugenden Kommunikation beginnen, sollten Sie sich die Zeit nehmen, mögliche Einwände und Widerstände vorauszusehen. Machen Sie eine Liste und recherchieren Sie die gängigen Gegenargumente und Bedenken in Bezug auf Ihre Botschaft. Wenn Sie im Voraus durchdachte Antworten vorbereiten, können Sie auf selbstbewusste Weise auf Einwände reagieren und überzeugende Gegenargumente liefern. Damit demonstrieren Sie Ihr Fachwissen und erhöhen Ihre Glaubwürdigkeit.

Legen Sie Beweise vor

Wenn Sie mit Einwänden konfrontiert werden, liefern Sie Beweise und Beispiele, die Ihre Position untermauern. Verwenden Sie Daten, Forschungsergebnisse oder Anekdoten aus dem wirklichen Leben, um die Stichhaltigkeit Ihrer Argumente zu veranschaulichen, Ihre Position zu stärken und Zweifeln oder falschen

Vorstellungen, die zum Widerstand beitragen, entgegenzuwirken. Auch visuelle Hilfsmittel wie Diagramme oder Grafiken können bei der Präsentation von Beweisen wirkungsvoll sein.

Formulieren Sie bei Bedarf neu

Widerstände und Einwände entstehen oft aus unterschiedlichen Sichtweisen oder Missverständnissen. Um diese zu überwinden, sollten Sie Ihre Botschaft neu formulieren und eine gemeinsame Basis mit Ihrem Publikum finden. Heben Sie gemeinsame Ziele, Werte oder Interessen hervor, die mit Ihrer Argumentation übereinstimmen. Indem Sie diese Übereinstimmungen hervorheben, schaffen Sie ein Gefühl der Einigkeit und Zusammenarbeit, was es leichter macht, konstruktiv auf Einwände einzugehen.

Seien Sie proaktiv

Gehen Sie proaktiv auf mögliche Bedenken und Einwände ein, bevor Ihr Publikum sie äußert. Nehmen Sie die Zweifel oder Ängste, die aufkommen könnten, vorweg und beziehen Sie sie in Ihre überzeugende Erzählung ein. Indem Sie diese Bedenken im Vorfeld anerkennen und ansprechen, demonstrieren Sie Transparenz. Außerdem zeigen Sie damit, dass Sie mehrere Standpunkte in Betracht gezogen haben, was das Vertrauen fördert und Widerstände abbaut.

Gehen Sie Kompromisse ein

Wenn Einwände auf gegensätzlichen Interessen oder Präferenzen beruhen, sollten Sie nach Kompromissen suchen, indem Sie Lösungen finden, bei denen alle Beteiligten gewinnen. Verstehen Sie die zugrunde liegenden Beweggründe und Bedürfnisse Ihres Publikums und suchen Sie nach Möglichkeiten, diese Bedürfnisse zu erfüllen und gleichzeitig Ihre eigenen Argumente voranzubringen. Dieser kooperative Ansatz zeugt von Flexibilität und der Bereitschaft, eine gemeinsame Basis zu finden, wodurch Widerstand unwahrscheinlicher wird.

Bleiben Sie unvoreingenommen

Bewahren Sie bei der Überwindung von Widerständen und Einwänden eine respektvolle und aufgeschlossene Haltung. Vermeiden Sie es, defensiv oder abweisend zu reagieren, wenn Sie mit herausfordernden Fragen oder gegenteiligen Standpunkten konfrontiert werden. Widmen Sie sich stattdessen einem respektvollen Dialog, würdigen Sie die Bedenken Ihres Publikums und antworten Sie mittels durchdachter und gut begründeter Argumente, um eine konstruktive Atmosphäre zu schaffen und die Chancen auf eine erfolgreiche Überzeugungsarbeit zu erhöhen.

Buch 2

Die Kunst der zwischenmenschlichen Interaktion

Ein positives und integratives Kommunikationsumfeld schaffen

Inhaltsverzeichnis

Kapitel 4

Soziale Kompetenzen

Effektive Kommunikation geht über Worte hinaus. Dazu gehört auch die Beherrschung der Kunst der sozialen Kompetenz. Die soziale Kompetenz steuert soziale Interaktionen und die Kommunikation mit anderen. Dazu gehören Fähigkeiten wie aktives Zuhören, Einfühlungsvermögen, nonverbale Kommunikation und Konfliktlösung. Wenn Sie Ihre Sozialkompetenz verbessern, schaffen Sie ein positives und integratives Kommunikationsumfeld, in dem Ihre Botschaften offen empfangen werden und Ihre Interaktionen einen bleibenden Eindruck hinterlassen. Dieses Kapitel befasst sich mit den verschiedenen Komponenten der sozialen Kompetenz in der Kommunikation, damit, ihre Bedeutung zu verstehen, und damit, wie sie zu erfolgreichen zwischenmenschlichen Interaktionen beitragen.

Bedeutung

Gut entwickelte soziale Kompetenzen werden Ihnen dabei helfen …

- … eine Beziehung und Vertrauen zu anderen aufzubauen.
- … Konflikte zu lösen und Herausforderungen zu bewältigen.
- … ein positives und integratives Umfeld zu schaffen.

- … sich klar und prägnant auszudrücken.
- … auf effektive Weise im Team zu arbeiten.
- … auf effektive Weise zu verhandeln.
- … konstruktiv mit Ihren Emotionen umzugehen.
- … sich an verschiedene soziale Situationen anzupassen.

Im Folgenden finden Sie einige Beispiele dafür, wie soziale Kompetenzen in verschiedenen Situationen eingesetzt werden können:

- In einem privaten Umfeld:
    - Fragen Sie Ihren Partner, wie sein Tag war.
    - Hören Sie sich die Sorgen Ihres Freundes an.
    - Helfen Sie Ihrem Kind bei den Hausaufgaben.

- In einem professionellen Umfeld:
    - Halten Sie eine Präsentation vor Ihren Kollegen.
    - Lösen Sie einen Konflikt mit einem Arbeitskollegen.
    - Verhandeln Sie einen Vertrag mit einem Kunden.

Strategien zur Entwicklung sozialer Kompetenzen

Wenn Ihnen soziale Interaktion schwerfällt, können Sie mit diesen Strategien Ihre sozialen Kompetenzen verbessern:

- **Achten Sie auf Ihre Körpersprache,** die viel über Ihre Gefühle aussagen kann, selbst wenn Sie schweigen. Bemühen Sie sich um eine offene, einladende Haltung und vermeiden Sie defensive körperliche Signale wie verschränkte Arme oder einen abgewandten Blick.

- **Kennen Sie Ihre Stärken und Schwächen.** *Worin sind Sie in sozialen Situationen gut? Was könnten Sie verbessern?* Sobald Sie Ihre Stärken und Schwächen kennen, können Sie Strategien entwickeln, um Ihre Schwachstellen zu verbessern.

- **Bleiben Sie respektvoll,** auch bei Meinungsverschiedenheiten. Verzichten Sie auf Beschimpfungen, Beleidigungen oder Aggressionen.

- **Entwickeln Sie Einfühlungsvermögen.** Bemühen Sie sich, die Perspektive und die Emotionen der anderen Person zu verstehen.

- **Durchsetzungsvermögen** ermöglicht es Ihnen, auf respektvolle Art für sich selbst und Ihre Überzeugungen einzutreten. Das ist wichtig, um Ihre Bedürfnisse erfüllen und gesunde Beziehungen pflegen zu können.

- Wie man so schön sagt: **Übung macht den Meister**. Häufige Interaktionen mit anderen fördern die Verbesserung der sozialen Kompetenzen. Gehen Sie so viel wie möglich auf Menschen zu.

- **Finden Sie einen sozial kompetenten Mentor.** Die Anleitung durch einen Fachmann kann Ihnen das Lernen und die Verbesserung erleichtern.

- **Bilden Sie sich selbst weiter,** indem Sie Bücher und Artikel über Sozialkompetenz lesen, und erwägen Sie die Teilnahme an Kursen, die sich auf diese Fähigkeiten konzentrieren. Viele Ressourcen und strukturierte Lernumgebungen können Ihnen helfen, diese wichtigen Lebenskompetenzen zu entwickeln und zu verbessern.

Die Verbesserung der sozialen Kompetenzen erfordert Geduld und Fleiß, aber das Ergebnis lohnt sich.

Hindernisse bei der Entwicklung sozialer Kompetenzen

Mehrere Hindernisse können die Entwicklung dieser wesentlichen Fähigkeiten behindern, wie z. B.:

Interne Hindernisse

Interne Hindernisse bei der Entwicklung sozialer Kompetenzen beziehen sich auf die psychischen und emotionalen Hindernisse, mit denen der Einzelne konfrontiert ist und die ihn daran hindern können, sich an sozialen Interaktionen zu beteiligen, sich auf authentische Art auszudrücken oder Risiken einzugehen, um seine sozialen Kompetenzen entwickeln zu können. Die Überwindung dieser internen Hindernisse erfordert Selbstreflexion, den Aufbau von Selbstvertrauen, die Infragestellung negativer Selbstwahrnehmungen und die Übernahme eines Wachstumsdenkens. Wenn Sie diese inneren Hindernisse angehen und überwinden, können Sie Ihr soziales Potenzial freisetzen und stärkere zwischenmenschliche Beziehungen entwickeln. Folgende Punkte können Hindernisse sein:

- ***Ein geringes Selbstwertgefühl*** bezieht sich auf eine negative Selbstwahrnehmung, die oft von Gefühlen der Unzulänglichkeit und eines geringen Selbstwerts begleitet wird. Solche Gefühle können die Entwicklung sozialer Kompetenzen behindern, da Sie dadurch an Ihren Fähigkeiten zweifeln, sich sozialer Beziehungen unwürdig fühlen oder sich vor Ablehnung fürchten.

- ***Selbstzweifel*** sind ein Mangel an Vertrauen in die eigenen Fähigkeiten, der in sozialen Interaktionen zu Unsicherheit und Zögern führt. Dieser Mangel kann Menschen davon abhalten, sich auf authentische Weise auszudrücken, soziale Risiken einzugehen oder sich voll und ganz auf Gespräche einzulassen.

- ***Angst vor Verurteilung*** ist die Befürchtung oder Angst davor, von anderen bewertet oder kritisiert zu werden. Sie kann die Entwicklung sozialer Kompetenzen behindern, da sie dazu führt, dass Sie soziale Situationen meiden, sich mit der Äußerung von Meinungen zurückhalten oder ständig nach Zustimmung suchen und so Ihre authentische Kommunikation einschränken.

- ***Perfektionismus*** ist eine Tendenz, unrealistische Ansprüche an sich selbst zu stellen und ständig nach Makellosigkeit zu streben. Er kann die Entwicklung sozialer Kompetenzen behindern, da er Angst vor Fehlern erzeugt, was zu Unsicherheit und Selbstkritik in sozialen Interaktionen führt.

- ***Hinderliche Glaubenssätze*** sind negative Glaubenssätze oder Annahmen, die Sie über Ihre eigenen sozialen Fähigkeiten haben. Zu diesen Glaubenssätzen gehört zum Beispiel, dass Sie denken, Sie seien sozial unbeholfen, langweilig oder nicht in der Lage, erfüllende Beziehungen aufzubauen. Solche Glaubenssätze können die Entwicklung sozialer Kompetenzen behindern, da sie eine sich selbst erfüllende Prophezeiung schaffen und Ihre Bereitschaft, sich auf soziale Interaktionen einzulassen, einschränken.

Um diese internen Hindernisse zu überwinden, tun Sie Folgendes:

- **Geringes Selbstwertgefühl überwinden:** Zum Aufbau des Selbstwertgefühls gehören Selbstfürsorge, Selbstmitgefühl und ein positiver innerer Monolog. Sich realistische Ziele zu setzen, kleine Erfolge zu feiern und sich mit Menschen zu umgeben, die Sie unterstützen, kann Ihr Selbstwertgefühl stärken und Ihnen helfen, ein positives Selbstbild aufzubauen.

- **Selbstzweifel überwinden:** Zur Überwindung von Selbstzweifeln gehört es, negative Gedanken zu erkennen und umzudrehen. Positive Selbstbejahungen, die Konzentration auf vergangene Erfolge und die Suche nach innerer Bestätigung, anstatt sich nur auf externe Bestätigung zu verlassen, kann Ihnen helfen, Selbstzweifel zu überwinden und Selbstvertrauen aufzubauen.

- **Die Angst vor Verurteilung überwinden:** Um die Angst vor Verurteilung zu überwinden, müssen Sie den Fokus von der Meinung anderer auf Ihre Werte und Ihre Authentizität verlagern. Sich in Selbstakzeptanz zu üben, die eigene Verletzlichkeit zu akzeptieren und sich schrittweise sozialen Situationen auszusetzen, kann dazu beitragen, die Angst vor Verurteilung zu verringern und die Sicherheit darin zu erhöhen, sich auf authentische Art auszudrücken.

- **Perfektionismus überwinden:** Machen Sie sich eine Wachstumsmentalität zu eigen und akzeptieren Sie, dass Fehler zu machen ein natürlicher Teil des Lernens ist. Wenn Sie realistische Erwartungen haben, Ihre Fortschritte würdigen, anstatt Perfektion zu fordern, und Fehler als Chance zum Wachstum betrachten, können Sie Ihren Perfektionismus überwinden und einen gesünderen Zugang zu sozialen Interaktionen erlangen.

- **Hinderliche Glaubenssätze über soziale Kompetenzen überwinden:** Um hinderliche Glaubenssätze über die eigenen sozialen Kompetenzen zu überwinden, sind eine kognitive Umstrukturierung und evidenzbasiertes Denken erforderlich. Die aktive Suche nach Gegenbeweisen, die Konzentration auf Stärken und frühere positive soziale Erfahrungen und die Suche nach sozialer Unterstützung können Ihnen dabei helfen, hinderliche Glaubenssätze infrage zu stellen und durch stärkere und zutreffendere Glaubenssätze über Ihre sozialen Kompetenzen zu ersetzen.

Kognitive Hindernisse

Mit kognitiven Hindernissen bei der Entwicklung sozialer Kompetenzen sind die Denkmuster und kognitiven Prozesse gemeint, die Ihre Fähigkeit behindern, effektive soziale Kompetenzen zu entwickeln. Das können die folgenden Hindernisse sein:

- ***Schwierigkeiten, soziale Signale zu verstehen,*** beziehen sich auf Herausforderungen dabei, nonverbale Signale, Gesichtsausdrücke, Körpersprache und den Tonfall in sozialen Interaktionen richtig zu interpretieren. Dies kann zu Fehlkommunikation, Missverständnissen und Schwierigkeiten führen, auf die Signale anderer angemessen zu reagieren.

- Wenn Sie die ***Absichten anderer missinterpretieren,*** schreiben Sie deren Worten oder Handlungen falsche Motive oder Bedeutungen zu. Es kann zu Missverständnissen, Konflikten und angespannten Beziehungen führen, wenn Menschen die Absichten anderer ständig als negativ oder feindselig fehlinterpretieren.

- ***Das Grübeln über soziale Interaktionen*** beinhaltet das übermäßige Analysieren und innere Wiederholen vergangener Gespräche oder das Vorwegnehmen zukünftiger Interaktionen. Dies kann zu Unsicherheit und Ängsten führen und die spontane Kommunikation behindern.

- ***Mangelnde Fähigkeit zur Einnahme von anderen Perspektiven*** bedeutet, dass Sie Schwierigkeiten haben, die

Ansichten, Emotionen oder Erfahrungen anderer zu verstehen oder sich in sie hineinzuversetzen. Dies kann eine effektive Kommunikation behindern und zu Missverständnissen oder mangelndem Zusammenhalt in sozialen Interaktionen führen.

- ***Kognitive Verzerrungen*** sind mentale Abkürzungen oder Neigungen, die unser Urteilsvermögen und unsere Entscheidungsfindung beeinflussen. Einige Beispiele sind die Annahme negativer Absichten, d. h. die Neigung, den Handlungen anderer Menschen negative Motive zuzuschreiben, und vorschnelle Urteile, bei denen wir uns schnell und oft unbewusst eine Meinung über andere bilden, ohne über genügend Beweise oder ausreichendes Verständnis zu verfügen.

Dies alles kann die Entwicklung sozialer Kompetenzen behindern. Die Überwindung kognitiver Hindernisse erfordert bestimmte Maßnahmen, wie:

- **Die Schwierigkeiten beim Verstehen sozialer Signale überwinden:** Machen Sie Rollenspiele, sehen Sie sich Videos oder Tutorials zur nonverbalen Kommunikation an und üben Sie aktiv in sozialen Situationen, um Ihr Verständnis für soziale Signale zu verbessern.

- **Das falsche Interpretieren der Absichten anderer überwinden:** Um dieses Hindernis zu überwinden, sollten Sie aktiv zuhören, Fragen zur Klärung stellen und keine voreiligen Schlüsse ziehen. Wenn Sie sich die Zeit nehmen, die Sichtweise anderer zu verstehen, ihnen im Zweifel Glauben schenken und sich in Offenheit üben, verringert sich die Tendenz, Absichten falsch zu interpretieren.

- **Das übermäßige Grübeln über soziale Interaktionen überwinden:** Um übermäßiges Denken zu überwinden, müssen Sie den Fokus von der übermäßigen Selbstanalyse auf die Gegenwart des Augenblicks verlagern. Die Anwendung von Achtsamkeitstechniken, das Neuformulieren negativer Gedanken und die Erinnerung an erfolgreiche soziale Interaktionen der Vergan genheit können dazu beitragen, das Grübeln zu verringern und einen entspannteren und authentischeren Kommunikationsstil zu fördern.

- **Den Mangel an Fähigkeiten zur Einnahme anderer Perspektiven überwinden:** Zum Aufbau der Fähigkeit, andere Perspektiven einnehmen zu können, gehört das Sich-Üben in Einfühlungsvermögen, aktivem Zuhören und darin, Verständnis für die Erfahrungen anderer aufzubringen. Übungen zur Einnahme anderer Perspektiven, die aktive Suche nach verschiedenen Perspektiven und das Nachdenken über eigene Vorurteile helfen, die Fähigkeit zur Einnahme anderer Perspektiven zu erweitern und die Effektivität der eigenen Kommunikation zu verbessern.

- **Kognitive Verzerrungen wie die Annahme negativer Absichten und vorschnelle Urteile überwinden:** Entwickeln Sie Achtsamkeit und bemühen Sie sich bewusst, automatische Denkmuster zu hinterfragen. Ziehen Sie alternative Erklärungen in Betracht, suchen Sie nach Beweisen, bevor Sie Schlussfolgerungen ziehen, und üben Sie sich in Aufgeschlossenheit, um diesen Verzerrungen entgegenzuwirken und ein faires und genaues Urteil in sozialen Interaktionen zu ermöglichen.

Umweltbedingte Hindernisse

Umweltbedingte Hindernisse schränken den Zugang zu Ressourcen, Chancen und zu der Möglichkeit, ein Gefühl der Zugehörigkeit zu entwickeln, ein. Einige häufige umweltbedingte Hindernisse sind:

- ***Schlechtes soziales Modellverhalten*** hindert Sie daran, gesunde Beziehungen zu knüpfen und sich mit Ihrer Gemeinschaft zu verbinden. Dieses Hindernis kann durch vergangene Traumata oder Herausforderungen verursacht werden, die Ihre Fähigkeit, mit anderen zu interagieren, negativ beeinflussen.

- ***Sprachbarrieren*** schränken die Kommunikation ein und führen zu Isolation, insbesondere bei Personen, die neu in einem Land oder einer Gemeinschaft sind.

- ***Kulturelle Unterschiede*** führen zu Missverständnissen und dem Gefühl, ausgeschlossen zu werden, insbesondere bei Personen, die aufgrund ihrer kulturellen Identität Diskriminierung oder Ausgrenzung erfahren.

- ***Technologische Hindernisse*** hindern Sie daran, auf wichtige Informationen zuzugreifen oder Teil von Online-Communitys zu sein. Dieses Hindernis betrifft überproportional häufig diejenigen, die mit Technologie nicht vertraut sind, wie Senioren oder Menschen mit geringem Einkommen.

- ***Ein Mangel an sozialer Unterstützung*** wirkt sich negativ auf die psychische Gesundheit und das Wohlbefinden aus und verursacht Gefühle der Isolation, Depression und Angst. Auf dieses Hindernis treffen häufig Menschen, die ein Trauma oder andere Herausforderungen erlebt haben, die es ihnen schwer gemacht haben, gesunde Beziehungen und soziale Kontakte aufzubauen.

Identifizieren und überwinden Sie Hürden, um umweltbedingte Hindernisse zu beseitigen. Die Überwindung eines jeden Hindernisses erfordert eine andere Strategie. Solche Strategien können sein:

- ***Schlechtes soziales Modellverhalten:*** Suchen Sie nach positiven Vorbildern und Mentoren in Ihrer Gemeinschaft oder sogar in einem größeren Rahmen. Nehmen Sie an Selbsthilfegruppen, Workshops oder Kursen teil, die Ihnen helfen, Ihre kommunikativen und zwischenmenschlichen Fähigkeiten zu verbessern.

- **Sprachbarrieren:** Die Nutzung von Sprachlernressourcen wie Kursen, Apps oder Sprachaustauschprogrammen kann dazu beitragen, Ihre Sprachkenntnisse zu verbessern. Üben Sie das Sprechen der Sprache in verschiedenen Kontexten und scheuen Sie sich nicht, Fehler zu machen; diese gehören zum Lernprozess.

- **Kulturelle Unterschiede:** Mehr Bewusstsein und Verständnis für andere Kulturen kann helfen, kulturelle Hindernisse zu überwinden. Nehmen Sie an kulturellen Austauschprogrammen oder Initiativen teil, die die Vielfalt feiern. Informieren Sie sich über andere Kulturen durch Lektüre, Dokumentarfilme oder direkte Gespräche mit Menschen aus anderen Kulturkreisen.

- **Technologische Hindernisse:** Der Zugang zu Programmen und Ressourcen zur Förderung der digitalen Kompetenz kann denjenigen helfen, die mit Technologie zu kämpfen haben. Öffentliche Bibliotheken, Gemeindezentren und Erwachsenenbildungsprogramme bieten oft kostenlose oder kostengünstige Schulungen an. Auch Online-Tutorials und Hilfeforen können nützliche Anleitungen liefern.

- **Ein Mangel an sozialer Unterstützung:** Der Aufbau eines starken sozialen Netzwerks kann helfen, das Gefühl der Isolation zu überwinden. Treten Sie Vereinen bei, engagieren Sie sich ehrenamtlich in der Gemeinde oder verbringen Sie Zeit in Online-Communitys, deren Interessen Sie teilen. Eine professionelle Beratung oder Therapie kann ebenfalls hilfreich sein, insbesondere für diejenigen, die mit Traumata oder psychischen Problemen zu kämpfen haben.

Die Überwindung von umweltbedingten Hindernissen ist eine Aufgabe, die Ihre Initiative und die Unterstützung durch die Gemeinschaft erfordert. Während Sie Fortschritte machen, indem Sie proaktiv sind und die verfügbaren Ressourcen nutzen, können Gemeinschaften Ihnen bei diesem Prozess helfen, indem diese ein integratives Umfeld schaffen, das die Vielfalt feiert und das interkulturelle Verständnis fördert.

Kapitel 5

Soziale Signale

Soziale Signale sind die nonverbalen und verbalen Hinweise, mittels derer in sozialen Interaktionen Informationen übermittelt werden. Soziale Signale liefern wertvolle Informationen über die Emotionen, Einstellungen und Absichten einer Person und ermöglichen es Ihnen, deren Botschaften über ihre Worte hinaus zu verstehen und zu interpretieren. Wenn Sie auf soziale Signale achten, kann es Ihnen gelingen, auf effektive Weise zu kommunizieren, indem Sie Ihre Antworten anpassen, Empathie zeigen und eine Beziehung zu anderen aufbauen.

In dieser zunehmend komplexen und vernetzten Welt ist es wichtiger denn je, diese Hinweise auf die Gedanken und Gefühle anderer lesen zu können. Die Entschlüsselung sozialer Signale spielt eine wichtige Rolle in der menschlichen Interaktion. Die Fähigkeit, soziale Signale zu deuten, birgt großen Nutzen: Sie ermöglicht es Ihnen, eine Beziehung zu anderen aufzubauen, Konflikte zu lösen und Missverständnisse zu vermeiden. Sie erleichtert auch die Entscheidungsfindung und hilft Ihnen dabei, sich in sozialen Situationen zurechtzufinden.

Die Arten von sozialen Signalen

Es gibt verschiedene Arten von sozialen Signalen, wie:

Stimmliche Signale

Stimmliche Signale sind Elemente der Sprache, wie Tonfall und Tonhöhe, die über die eigentlichen Worte hinaus kommunizieren. Ein ruhiger Tonfall kann Zuversicht vermitteln, während eine hohe, zittrige Stimme auf Nervosität hinweisen kann.

Gesichtsausdrücke

Gesichtsausdrücke können Emotionen wie Freude, Traurigkeit, Wut, Überraschung oder Angst anzeigen, aber auch Hinweise auf Vertrauen oder Interesse vermitteln.

Gesten

Körperbewegungen wie Handgesten, Kopfnicken oder die Körperhaltung können Zustimmung, Ablehnung, Interesse oder Desinteresse ausdrücken.

Proxemik

Die Proxemik befasst sich mit der Untersuchung des persönlichen Raums und damit, auf welche Art Menschen den Raum in sozialen Interaktionen nutzen und wahrnehmen. Dabei wird der physische Abstand untersucht, den Menschen zwischen sich und anderen einhalten, und wie dieser Abstand die Kommunikation und die soziale Dynamik beeinflusst. Manche Menschen stehen gerne nahe beieinander, während andere es vorziehen, viel Abstand zwischen sich und anderen zu wahren.

Die Proxemik hilft Ihnen, diese Präferenzen zu erkennen und Ihr Verhalten entsprechend anzupassen. Dieses Signal stellt sicher, dass Sie die Grenzen anderer respektieren und ein angenehmes Umfeld für eine effektive Kommunikation schaffen.

Paralinguistische Signale

Nonverbale Elemente, die die verbale Kommunikation begleiten, wie Pausen, Seufzer, Lachen und der Tonfall, können zusätzliche Informationen über die Gefühle und Gesinnung einer Person vermitteln.

Das Gehirn verarbeitet soziale Signale mittels eines Netzwerks, an dem verschiedene Regionen beteiligt sind. Der präfrontale Kortex ist an der Entscheidungsfindung und der sozialen Kognition beteiligt, die Amygdala verarbeitet emotionale Informationen, und die Insula verarbeitet Körperempfindungen, einschließlich emotionaler Reaktionen. Die Forschung zeigt, dass das Gehirn soziale Signale schnell verarbeitet, oft bevor man sich dessen bewusst ist, was die automatische und präattentive Natur dieser Signale unterstreicht. Das Verständnis der Feinheiten sozialer Signale und ihrer neuronalen Verarbeitung kann eine effektive Kommunikation und Interaktion in verschiedenen sozialen Kontexten erleichtern.

Herausforderungen bei der Entschlüsselung sozialer Signale

Im Folgenden finden Sie die Herausforderungen, denen Sie sich vielleicht stellen müssen, wenn Sie versuchen, soziale Signale zu entschlüsseln:

Kulturelle Unterschiede

Kulturelle Unterschiede machen das Entschlüsseln sozialer Signale zu einer Herausforderung, da verschiedene Kulturen ihre eigenen Normen, Werte und Erwartungen in Bezug auf nonverbale Kommunikation haben. Gesten, Mimik und Körpersprache können in verschiedenen Kulturen unterschiedliche Bedeutungen haben, was zu Missverständnissen führen kann. So kann sich zum Beispiel das Maß an Augenkontakt, persönlichem Abstand und Schweigen von Kultur zu Kultur erheblich unterscheiden. Ohne ein Verständnis für diese kulturellen Nuancen kann es schwierig sein, soziale Signale richtig zu interpretieren und auf sie zu reagieren. Die Entwicklung kultureller Sensibilität und das Erlernen verschiedener kultureller Normen helfen dabei, diese Herausforderungen zu meistern und die interkulturelle Kommunikation zu verbessern.

Individuelle Unterschiede

Jeder Mensch hat seine eigenen Kommunikationsstile, Vorlieben und nonverbalen Signale. Manche Menschen drücken ihre Emotionen eher auf subtile Art aus, während andere ausdrucksstärker sind. Persönliche Erfahrungen, Persönlichkeitsmerkmale und Kommunikationsgewohnheiten können ebenfalls beeinflussen, auf welche Weise Menschen soziale Signale vermitteln und interpretieren. Neurodiversität, kultureller Hintergrund und soziale Prägung können ebenfalls zu individuellen Unterschieden bei der Entschlüsselung sozialer Signale beitragen. Wenn Sie sich dieser Unterschiede bewusst sind und aktiv zuhören, Empathie zeigen und offen kommunizieren, können Sie diese Kluft überbrücken und ein besseres Verständnis für die Unterschiede in den Kommunikationsstilen zwischen Ihnen und anderen entwickeln.

Mehrdeutigkeit

Soziale Signale können auch unspezifisch sein oder mehrere Interpretationen zulassen. Manchmal senden Menschen absichtlich oder unabsichtlich gemischte Signale, die es schwierig machen, ihre wahren Absichten oder Emotionen zu entschlüsseln. Mehrdeutige Mimik, subtile Gesten oder mehrdeutige verbale Hinweise können bei sozialen Interaktionen für Verwirrung und Unsicherheit sorgen. Der Mangel an Klarheit kann zu Fehlkommunikation, Missverständnissen und Problemen beim Aufbau erfüllender Beziehungen führen. Um Mehrdeutigkeiten zu vermeiden, sollten Sie aktiv zuhören. Stellen Sie stets klärende Fragen und suchen Sie nach Möglichkeiten für eine offene und ehrliche Kommunikation. Auf diese Weise können Sie mögliche Missverständnisse vermeiden.

Ablenkungen

Wenn Sie durch äußere Faktoren wie Lärm, visuelle Reize oder konkurrierende Aufgaben abgelenkt werden, entgehen Ihnen möglicherweise wichtige nonverbale Hinweise oder Sie lassen sich nicht auf das Gespräch ein.

Innere Faktoren wie Gedanken, die Sie beschäftigen, oder persönliche Sorgen können Ihre Fähigkeit, sich auf soziale Signale zu konzentrieren, weiter einschränken. Sich diese Ablenkungen bewusst zu machen, ist der Schlüssel dazu, sie zu bewältigen. Wenn Sie merken, dass Sie in einem Gespräch abgelenkt werden, können Sie wieder bewusst zuhören und Ihre Aufmerksamkeit auf den gegenwärtigen Moment zurücklenken.

Persönliche Vorurteile

Jeder Mensch ist anders, aber alle Menschen unterliegen persönlichen Vorurteilen, die beeinflussen können, wie soziale Signale interpretiert und wahrgenommen werden. Vorurteile sind vorgefasste Meinungen, Stereotype oder Urteile, die auf Ihren Glaubenssätzen, Erfahrungen oder kulturellen Prägungen beruhen. Diese Vorurteile können das Urteilsvermögen trüben und zu Fehlinterpretationen oder falschen Zuschreibungen führen, wenn es um die Absichten oder Emotionen anderer geht. Ihre Vorurteile können dazu führen, dass Sie Annahmen treffen, voreilige Schlüsse ziehen oder wichtige Hinweise übersehen, die nicht mit Ihren vorgefassten Meinungen übereinstimmen.

Soziale Signale zu entschlüsseln, kann schwierig sein. Die Tatsache, dass sie vielfältig sind und ihre Interpretation je nach Kontext variieren kann, macht die Sache noch schwieriger. Manche Menschen sind aufgrund ihrer Erfahrung in sozialen Belangen, ihrer Sensibilität oder ihrer natürlichen Begabung besser in der Lage, diese Signale zu entschlüsseln. Trotzdem ist dies eine Fähigkeit, die man lernen kann.

Techniken zur Entschlüsselung sozialer Signale

Im komplexen Gefüge der menschlichen Kommunikation ist die Fähigkeit, soziale Signale zu entschlüsseln, ein wichtiges Element, das uns Verständnis füreinander ermöglicht. Die Entwicklung dieser Fähigkeit kann zu effektiverer Kommunikation, tieferen Verbindungen und größerem Einfühlungsvermögen führen. Um Sie auf Ihrer Reise des Lernens zu unterstützen, finden Sie hier eine umfassende Sammlung von Techniken zur Verbesserung Ihrer Fähigkeit, soziale Signale zu entschlüsseln.

Stimmen Sie sich auf die Feinheiten des Tonfalls ein

Die menschliche Stimme vermittelt viele Emotionen und Haltungen. Um Ihre Fähigkeit zu verbessern, soziale Signale zu entschlüsseln, üben Sie, genau auf Tonhöhe, Lautstärke und Sprechgeschwindigkeit zu achten. Diese Nuancen können verborgene Bedeutungsebenen enthalten, durch deren Entdeckung Sie die Botschaft des Sprechers besser verstehen können.

Entwickeln Sie Einfühlungsvermögen und Mitgefühl

Entwickeln Sie Einfühlungsvermögen, indem Sie sich an Aktivitäten beteiligen, die Ihr Einfühlungsvermögen fördern, wie an ehrenamtlicher Arbeit, am Lesen von Romanen oder an Gesprächen mit unterschiedlichen Menschen. Diese Erfahrungen können Ihr Verständnis für die menschliche Erfahrung erweitern und Ihr Einfühlungsvermögen stärken.

Fördern Sie Ihre emotionale Intelligenz

Die emotionale Intelligenz (EQ; engl. Emotional Quotient) hilft dabei, die Komplexität zwischenmenschlicher Beziehungen zu bewältigen. Um Ihren EQ zu entwickeln, üben Sie sich in Selbstwahrnehmung, Selbstregulierung und sozialem Bewusstsein. Denken Sie regelmäßig über Ihre Emotionen nach und darüber, wie diese Ihr Verhalten beeinflussen, damit Sie sich besser auf die Emotionen anderer einstellen können.

Genießen Sie die kulturelle Vielfalt

Die Welt ist ein wunderschönes Mosaik aus Kulturen, von denen jede ihre eigenen Normen, Bräuche und sozialen Verhaltensweisen mit sich bringt. Investieren Sie Zeit darin, mehr über die verschiedenen kulturellen Praktiken und Werte zu erfahren, damit Sie effektiv zwischen den Kulturen kommunizieren können. Dieses Wissen wird Ihnen helfen, Ihren Kommunikationsstil anzupassen und die Sichtweisen von Menschen mit unterschiedlichem Hintergrund besser zu verstehen, was zu stärkeren Verbindungen und einer tieferen Wertschätzung für den Reichtum der menschlichen Vielfalt führt.

Erfragen Sie konstruktives Feedback

Auf jeder Reise des Lernens profitieren Sie von ehrlichem Feedback. Bitten Sie vertrauenswürdige Freunde, Familienmitglieder oder Kollegen, Ihnen Einblicke in Ihren Kommunikationsstil und Ihre sozialen Kompetenzen zu geben. Deren Feedback kann Ihnen helfen, verbesserungswürdige Bereiche zu identifizieren und gezielte Strategien für Wachstum zu entwickeln.

Beobachten Sie und lernen Sie von erfahrenen Kommunikatoren

Beobachten Sie, auf welche Weise andere Kommunikatoren ihren Kommunikationsstil an die Bedürfnisse ihres Publikums anpassen. Die Analyse ihrer Techniken und Strategien kann Ihnen helfen, Ihre eigenen Kommunikationsfähigkeiten zu verbessern.

Führen Sie zielgerichtete Konversationen

Suchen Sie nach Gelegenheiten, sich an produktiven Gesprächen zu beteiligen, die Ihre Fähigkeit, soziale Signale zu entschlüsseln, herausfordern, damit Sie Ihre sozialen Kompetenzen verbessern und einfühlsamer werden können.

Lesen Sie zwischen den Zeilen

Entwickeln Sie die Fähigkeit, zwischen den Zeilen zu lesen, indem Sie auf den Kontext eines Gesprächs, die Wortwahl des Sprechers und alle nonverbalen Hinweise achten, um zugrunde liegende Emotionen oder Absichten zu erkennen, die möglicherweise nicht explizit angesprochen werden.

Erweitern Sie Ihr emotionales Vokabular

Erweitern Sie Ihr emotionales Vokabular, indem Sie die verschiedenen Emotionen und ihre entsprechenden Ausdrücke kennenlernen, um die Emotionen anderer besser erkennen und beschreiben zu können und so Ihre Fähigkeit zu verbessern, soziale Signale zu entschlüsseln.

Lernen Sie ein Leben lang

Die Arbeit an sich selbst ist ein lebenslanger Prozess. Wenn Sie sich zu lebenslangem Lernen verpflichten, können Sie Ihre Fähigkeit verbessern, soziale Signale zu entschlüsseln und erfüllende Beziehungen aufzubauen. Suchen Sie ständig nach Möglichkeiten, Ihr Wissen zu erweitern, neue Fähigkeiten zu entwickeln und als Kommunikator zu wachsen.

Behinderungen, die die Interpretation sozialer Signale beeinträchtigen

Lernbehinderungen wie Legasthenie, Dysgraphie, Dyskalkulie, Auditive Verarbeitungs- und Wahrnehmungsstörungen (AVWS) und Visuelle Verarbeitungs- und Wahrnehmungsstörungen (VVWS) beeinflussen die Interpretation sozialer Signale auf unterschiedliche Weise:

- **Legasthenie:** Das sind Schwierigkeiten beim Lesen und Verstehen von Wörtern, die das Verstehen schriftlicher Kommunikation behindern. Dies kann auch die Interpretation sozialer Signale in Texten oder E-Mails einschließen, was soziale Interaktionen und das Verständnis beeinträchtigt.

- **Dysgraphie:** Schwierigkeiten bei der Bildung von Buchstaben und Wörtern können es erschweren, Gedanken schriftlich klar auszudrücken, was zu Fehlinterpretationen oder Missverständnissen in sozialen Kontexten führen kann.

- **Dyskalkulie:** Schwierigkeiten mit Zahlen und mathematischen Operationen können sich auch auf das Verständnis von Sequenzen oder Mustern in sozialen Interaktionen ausweiten und möglicherweise die Fähigkeit beeinträchtigen, soziale Normen oder Regeln zu befolgen.

- **Auditive Verarbeitungs- und Wahrnehmungsstörung (AVWS):** Probleme bei der Verarbeitung von gesprochener Sprache beeinträchtigen das Verständnis von stimmlichen Lauten und Nuancen, das für die Interpretation verbaler sozialer Signale in Gesprächen wichtig ist.

- **Visuelle Verarbeitungs- und Wahrnehmungsstörungen (VVWS):** Probleme bei der Verarbeitung visueller Informationen können zu Schwierigkeiten beim Verstehen von Gesichtsausdrücken und Körpersprache führen, den Schlüsselkomponenten nonverbaler sozialer Signale.

Lernbehinderungen überwinden

Damit Menschen mit Lernbehinderungen ihre Interpretation sozialer Signale verbessern können, sind gezielte Strategien erforderlich, die auf die jeweilige Behinderung zugeschnitten sind:

- **Bei Legasthenie:**
  - ***Lesen verstärkt üben:*** Nehmen Sie an strukturierten und systematischen Programmen zum Erlangen von Lesekompetenzen teil, die sich auf das phonemische Bewusstsein und die Phonetik konzentrieren.

- *Unterstützende Technologie einsetzen:* Tools wie Text-to-Speech-Software können helfen, schriftliche soziale Signale genauer zu interpretieren.
- *Visuelle Hilfsmittel:* Binden Sie visuelle Hilfsmittel ein, die Ihnen helfen, schriftliche Informationen zu verstehen und zu ordnen, und die Ihnen bei der Interpretation von schriftlichen sozialen Signalen helfen.

- **Bei Dysgraphie:**
  - *Ergotherapie:* Ergotherapie kann dazu beitragen, die Feinmotorik zu verbessern und das Schreiben klarer und effektiver zu gestalten.
  - *Diktiersoftware verwenden:* Diktiersoftware kann dabei helfen, effektiver schriftlich zu kommunizieren.
  - *Alternative Kommunikationsmethoden:* Fördern Sie die Verwendung anderer Kommunikationsformen, z. B. verbaler oder visueller Hilfsmittel, wo dies angebracht ist.

- **Bei Dyskalkulie:**
  - *Förderung des mathematischen Denkens:* Spezielle mathematische Lernprogramme können helfen, Sequenzen und Muster zu verstehen.
  - *Konkrete Beispiele verwenden:* Die Anwendung mathematischer Konzepte auf reale Situationen kann das Verständnis verbessern.
  - *Visuelle und praktische Lernhilfsmittel:* Nutzen Sie visuelle Hilfsmittel und praktische Beispiele, um abstrakte Konzepte greifbarer zu machen.

- **Bei auditiven Verarbeitungs- und Wahrnehmungsstörungen (AVWS):**
  - ***Auditives Training:*** Programme, die sich auf die Verbesserung der Hörfähigkeit konzentrieren, können hilfreich sein.
  - ***Anpassungen der Umgebung:*** Reduzieren Sie Hintergrundgeräusche und verwenden Sie schallverstärkende Geräte, um die auditive Wahrnehmung zu verbessern.
  - ***Visuelle Hilfen:*** Verlassen Sie sich auf visuelle Hilfen und schriftliche Kommunikation, um auditive Informationen zu ergänzen.

- **Bei visuellen Verarbeitungs- und Wahrnehmungsstörungen (VVWS):**
  - ***Visuelle Therapie:*** Nehmen Sie an Aktivitäten teil, die die visuellen Verarbeitungsfähigkeiten verbessern sollen.
  - ***Verwendung von kontrastreichen Materialien:*** Verwenden Sie Materialien mit hohem visuellen Kontrast, um die visuelle Wahrnehmung zu verbessern.
  - ***Strukturierte Lernumgebungen:*** Organisieren Sie Lern- und Sozialumgebungen, um visuelle Verwirrung zu minimieren.

Außerdem, bei all diesen Behinderungen:

- **Training sozialer Kompetenzen:** Ein spezielles Training der sozialen Kompetenzen kann Menschen helfen, soziale Signale besser zu erkennen und darauf zu reagieren.

- **Beratung und Therapie:** Beratung kann dabei helfen, Bewältigungsstrategien zu entwickeln und die Fähigkeiten zur sozialen Interaktion zu verbessern.

- **Selbsthilfegruppen:** Der Austausch mit anderen, die vor ähnlichen Herausforderungen stehen, kann praktische Tipps und emotionale Unterstützung bieten.

Die genannten Strategien zielen darauf ab, die Fähigkeit des Einzelnen zu erhöhen, soziale Signale zu verarbeiten und auf diese zu reagieren, um so die Kommunikation und Interaktion in sozialen Umgebungen zu verbessern.

Kapitel 6

Authentizität

In einer Welt, in der oberflächliche Interaktionen zur Norm geworden sind, steht Authentizität für ein Zeichen echter Verbindung. Authentizität in der Kommunikation bedeutet, sich selbst treu zu bleiben und Gedanken, Gefühle und Werte auf aufrichtige Weise auszudrücken. Wenn Sie authentisch kommunizieren, schaffen Sie eine Atmosphäre, die Vertrauen, Verständnis und Engagement begünstigt.

Der Nutzen von Authentizität

Authentisch zu sein, bringt großen Nutzen mit sich, z. B.:

Eine tiefergehende Verbindung

Einer der Nutzen davon, authentisch zu sein, besteht darin, dass Sie es dadurch anderen ermöglichen, eine tiefere Verbindung zu Ihnen aufzubauen. Wenn Sie auf authentische Art kommunizieren, zeigen Sie Verletzlichkeit und öffnen sich für echte menschliche Beziehungen. Die Menschen schätzen Authentizität, weil sie zeigt, dass Sie echt und transparent sind. Dadurch entsteht ein Umfeld, in dem andere problemlos sie selbst sein und ihre Gedanken und Gefühle mitteilen können.

Vertrauen aufbauen

Authentische Kommunikation hilft auch beim Aufbau von Vertrauen. Wenn Sie authentisch sind, werden Sie als zuverlässig und vertrauenswürdig angesehen. Ehrlichkeit und Aufrichtigkeit in Ihren Interaktionen schaffen Vertrauen und stärken Beziehungen. Vertrauen ist für eine ansprechende Kommunikation unerlässlich, denn es erlaubt einen offenen und ehrlichen Dialog, der tieferes Verständnis und Zusammenarbeit ermöglicht.

Empathie und Verständnis

Außerdem fördert eine authentische Kommunikation Empathie und Verständnis. Wenn Sie auf authentische Art kommunizieren, können Sie sich mit anderen besser auf einer emotionalen Ebene verbinden. Indem Sie und andere sich über Ihre Erfahrungen, Herausforderungen und Triumphe austauschen, schaffen Sie eine gemeinsame Basis und ermöglichen es anderen, sich mit Ihnen zu identifizieren. Dieses gegenseitige Verständnis fördert das Einfühlungsvermögen, da Sie die Emotionen, Perspektiven und Erfahrungen anderer erkennen und würdigen.

Ihre Einzigartigkeit akzeptieren

Authentisch zu sein, bedeutet auch, Unvollkommenheiten zu akzeptieren und sich in Ihrer Einzigartigkeit anzunehmen. Das befreit Sie von dem Druck, in eine bestimmte Form passen oder den gesellschaftlichen Erwartungen entsprechen zu müssen. Wenn Sie sich selbst so akzeptieren, wie Sie sind, erlauben Sie anderen, das Gleiche zu tun. Diese Akzeptanz schafft eine Atmosphäre der

Annahme und Inklusion, die Engagement und Zusammenarbeit fördert.

Komponenten von Authentizität

Authentizität hat verschiedene Komponenten, und wenn Sie diese erkennen, können Sie diese Fähigkeit auf Ihre Kommunikation anwenden, um echte und ehrliche Beziehungen zu anderen aufzubauen. Diese Komponenten sind:

Selbsterkenntnis

Selbsterkenntnis bedeutet, dass Sie sich über Ihre Werte, Überzeugungen, Gedanken, Gefühle, Stärken und Schwächen im Klaren sind, ohne den geringsten Zweifel daran zu haben, wer Sie sind, woran Sie glauben und was Ihnen wichtig ist. Wenn Sie sich Ihrer selbst bewusst sind, können Sie sich selbst treu bleiben, anstatt vorzugeben, jemand anderes zu sein. Selbsterkenntnis ermöglicht es Ihnen, auf authentische Weise zu kommunizieren, anderen Ihr wahres Ich zu zeigen und Beziehungen aufzubauen, die auf Ehrlichkeit und Integrität basieren.

Ehrlichkeit und Transparenz

Authentische Kommunikation lebt von Ehrlichkeit und Transparenz. Das bedeutet, dass Sie wahrheitsgemäß sprechen und Ihre Gedanken, Gefühle und Erfahrungen offen mitteilen. Widerstehen Sie der Versuchung, zu übertreiben, zu manipulieren oder Informationen zu verbergen. Seien Sie stattdessen ehrlich und aufrichtig in Ihren Interaktionen.

Verletzlichkeit

Authentizität erfordert auch, dass Sie Ihre eigene Verletzlichkeit annehmen. Es bedeutet, zuzulassen, dass Sie in Ihrem unverfälschten und echten Zustand gesehen, gehört und verstanden werden. Sich verletzlich zu zeigen, ist ebenso beängstigend wie herausfordernd, denn offen zu sein bedeutet, dass Sie Ihre Ängste, Unsicherheiten und Unvollkommenheiten anderen offenbaren müssen. Aber wenn Sie Ihre Verletzlichkeit zeigen, laden Sie andere dazu ein, das Gleiche zu tun, und schaffen so eine Atmosphäre für authentische und ansprechende Kommunikation.

Beständigkeit

Beständigkeit bedeutet in Bezug auf Authentizität, dass Sie sich selbst und Ihren Werten in allen Aspekten Ihres Lebens treu bleiben. Dazu gehört, dass Sie Ihre Worte, Handlungen und Werte jederzeit in Einklang halten. Unbeständiges Verhalten oder widersprüchliche Botschaften können Verwirrung stiften und das Vertrauen untergraben. Wenn Sie beständig sind, können die Menschen darauf vertrauen, dass Sie auch in verschiedenen Situationen derselbe Mensch sind. Das zeigt, dass Sie aufrichtig und zuverlässig sind. Bemühen Sie sich um eine beständige und authentische Kommunikation und sorgen Sie dafür, dass Ihre Worte und Handlungen miteinander harmonieren.

Respekt und Akzeptanz

Authentisch zu sein, bedeutet auch, die Andersartigkeit anderer zu respektieren und sie dafür zu akzeptieren. Es bedeutet, ihre Meinungen, Werte und Erfahrungen zu respektieren, auch wenn diese sich von Ihren eigenen unterscheiden. Behandeln Sie andere Menschen mit Freundlichkeit, Einfühlungsvermögen und einer offenen Haltung. Vermeiden Sie Urteile, Kritik oder Geringschätzung. Indem Sie andere respektieren und akzeptieren, schaffen Sie ein integratives und unterstützendes Umfeld, das eine ansprechende Kommunikation fördert.

Authentizität kultivieren

Im Folgenden finden Sie weitere praktische Strategien, die Ihnen helfen, ein authentischerer Gesprächspartner zu werden und das Potenzial echter Kommunikation freizusetzen.

Üben Sie sich in Selbstreflexion

Nehmen Sie sich die Zeit, über Ihre Werte, Überzeugungen und Stärken nachzudenken. Finden Sie heraus, was Ihnen wirklich wichtig ist und wie Sie sich zeigen wollen. Durch Selbstreflexion werden Sie sich dessen bewusster, wer Sie sind. Das wiederum hilft Ihnen, Ihre Handlungen an Ihrem authentischen Selbst auszurichten.

Achten Sie auf die gesellschaftlichen Erwartungen

Die Gesellschaft schreibt oft vor, wie man sich verhalten und kommunizieren sollte. Machen Sie sich diese Erwartungen bewusst, um zu verhindern, dass sie Sie davon abhalten, authentisch zu sein. Bleiben Sie sich selbst treu, auch wenn das bedeutet, dass Sie gegen gesellschaftliche Normen verstoßen. Authentizität bedeutet, authentisch und einzigartig zu sein, und nicht, sich den Erwartungen anderer anzupassen.

Akzeptieren Sie Unvollkommenheiten

Authentizität bedeutet, dass Sie Ihre Unvollkommenheiten akzeptieren und sich auch mit Ihren Fehlern mögen. Niemand ist perfekt, und es ist normal, Fehler zu machen oder Unzulänglichkeiten zu haben. Nehmen Sie sie als Teil Ihrer einzigartigen Reise an und lernen Sie aus ihnen. Indem Sie Ihre eigenen Unvollkommenheiten annehmen, ermöglichen Sie es anderen, es Ihnen gleichzutun.

Umgeben Sie sich mit Authentizität

Kultivieren Sie Authentizität, indem Sie sich mit Menschen umgeben, die echte Kommunikation anerkennen und fördern. Bauen Sie Beziehungen zu Menschen auf, die Authentizität schätzen und ein Umfeld schaffen, das Sie darin unterstützt, sich selbst treu zu bleiben.

Leben Sie Authentizität, indem Sie diese Strategien anwenden. Nutzen Sie sie als Leitprinzip in Ihrer Kommunikation und beobachten Sie, wie Ihre Beziehungen gedeihen und Ihre Verbindungen sich vertiefen.

Buch 3

Die Kunst des Geschichtenerzählens

Fesselnde Erzählungen für Überzeugung, Inspiration und Verbindung nutzen

Inhaltsverzeichnis

Kapitel 7

Fesselnde Erzählungen verstehen

Eine fesselnde Erzählung im Zusammenhang mit effektiver Kommunikation ist eine Geschichte oder Botschaft, die die Aufmerksamkeit der Zuhörer auf sich zieht und ihre Emotionen anspricht. Sie ist so gestaltet, dass sie Ihre Zuhörer in ihren Bann schlägt und in Resonanz mit ihnen geht, sie in die Erzählung hineinzieht und einen bleibenden Eindruck hinterlässt.

Vorteile eines guten Storytellings

Wenn Sie es richtig anstellen, kann eine fesselnde Erzählung die Wirksamkeit Ihrer Kommunikation verstärken. Hier sind die Vorteile, von denen Sie durch die Verbesserung Ihres Storytellings profitieren werden:

Mehr Aufmerksamkeit

Im Gegensatz zu trockenen Fakten und Statistiken schaffen Geschichten eine emotionale Verbindung, die das Publikum aktiv einbezieht. Wenn Sie Ihre Informationen in einem fesselnden erzählerischen Format präsentieren, kann es Ihnen gelingen, die Aufmerksamkeit auf sich zu ziehen, das Interesse aufrechtzuerhalten und Ihre Botschaft einprägsamer zu machen. Aufmerksame Zuhörer sind eher bereit, Ihre Ideen anzunehmen und sich überzeugen zu lassen.

Vereinfachung komplexer Konzepte

Mit komplexen Konzepten sind abstrakte oder komplizierte Ideen, Theorien oder Themen gemeint, die für die Menschen anfangs schwer zu erfassen oder zu verstehen sind. Es kann schwierig sein, diese Konzepte auf einfache Weise zu vermitteln, insbesondere wenn es sich um technische, philosophische oder differenzierte Themen handelt. Das Erzählen von Geschichten vereinfacht diese komplexen Konzepte jedoch auf einzigartige Weise und macht sie für das Publikum zugänglicher und nachvollziehbarer.

Durch die Kraft der Erzählung können Geschichten greifbare Beispiele, emotionale Verbindungen und spannende Erfahrungen bieten, die dem Einzelnen helfen, komplexe Ideen besser zu verstehen und zu verinnerlichen. Durch Erzählungen können Sie komplexe Konzepte mithilfe von Metaphern, Analogien und anschaulichen Beschreibungen in nachvollziehbare und verständliche Geschichten umwandeln. Indem Sie komplexe Konzepte zu fesselnden Geschichten verweben, können Sie die Kluft zwischen Wissen und Verständnis überbrücken und es Ihrem Publikum erleichtern, diese Konzepte zu begreifen und in ihrem eigenen Leben anzuwenden.

Förderung einprägsamer Kommunikation

Der Mensch ist darauf programmiert, sich an Geschichten zu erinnern. Die erzählerische Struktur von Geschichten hilft den Menschen, sich an Informationen zu erinnern und sie besser abzurufen. Indem Sie Fakten und Informationen zu einer fesselnden Geschichte verweben, schaffen Sie einen mentalen Anker für Ihr Publikum. Dadurch wird die Fähigkeit der Zuhörer verbessert, die wichtigsten Punkte auch noch lange nach dem Ende der Kommunikation im Gedächtnis zu behalten.

Wenn Sie eine Präsentation halten, eine Geschäftsidee vorstellen oder versuchen, andere zu beeinflussen, kann die Einbeziehung überzeugender Geschichten in Ihre Kommunikationsstrategie Ihre Botschaft aufwerten, Ihr Publikum in den Bann ziehen und die gewünschten Ergebnisse erzielen.

Arten von fesselnden Erzählungen

Wenn es um effektive Kommunikation geht, können Erzählungen das Publikum ansprechen, inspirieren und miteinander verbinden. Eine gut formulierte Geschichte kann Emotionen hervorrufen, Botschaften vermitteln und einen bleibenden Eindruck hinterlassen. Es gibt verschiedene Arten von fesselnden Erzählungen, z. B.:

Persönliche Geschichten

Eine persönliche Geschichte ist eine Erzählung, die auf den Erfahrungen, Emotionen und Perspektiven des Erzählers basiert. Persönliche Geschichten schöpfen aus dem Leben des Erzählers und heben wichtige Ereignisse, Herausforderungen, Triumphe oder Lektionen hervor, die er erlebt hat. Diese Geschichten wirken oft authentisch und nachvollziehbar, da sie einen Einblick in das persönliche Wachstum, die Werte und die Überzeugungen des Erzählers geben. Diese Geschichten haben eine starke Wirkung auf das Publikum, schaffen eine emotionale Verbindung und ermöglichen es dem Einzelnen, sich selbst in der Erzählung wiederzufinden. Geschichtenerzähler können ihr Publikum tiefer einbinden, indem sie persönliche Geschichten erzählen, die Empathie, Verständnis und ein Gefühl der gemeinsamen Menschlichkeit evozieren.

Wie Sie persönliche Geschichten effektiv nutzen können

Die Wirkung von persönlichen Geschichten darf nicht unterschätzt werden, denn sie bergen das einzigartige Potenzial, Zuhörer in den Bann zu ziehen und anzusprechen, was sie zu einem unschätzbaren Hilfsmittel für eine effektive Kommunikation macht. Erfahren Sie mit diesen Tipps, wie Sie persönliche Geschichten optimal nutzen können:

- **Wählen Sie die richtige Geschichte für Ihr Publikum.** Die Auswahl einer persönlichen Geschichte, die bei Ihren Zuhörern Anklang findet, ist wichtig, um eine tiefe Verbindung zu ihnen herstellen zu können. Berücksichtigen

Sie den Hintergrund, die Erfahrungen und Interessen Ihres Publikums, wenn Sie eine Geschichte erzählen. Indem Sie Ihre Erzählung mit den Emotionen und Werten Ihrer Zuhörer in Einklang bringen, kann es Ihnen gelingen, eine stärkere Bindung aufzubauen und Ihre Botschaft aussagekräftiger zu gestalten.

- **Gestalten Sie Ihre Geschichte auf der Grundlage der Botschaft.** Jede persönliche Geschichte sollte einen Zweck und eine klare Botschaft haben, die Sie vermitteln möchten. Denken Sie darüber nach, was Sie vermitteln möchten, und wählen Sie eine Geschichte aus, die diesem Ziel am besten gerecht wird. Auf diese Weise wird Ihre Geschichte zu einem starken Medium, das die von Ihnen beabsichtigte Botschaft übermittelt, und dadurch noch wirkungsvoller und einprägsamer.

- **Passen Sie die Geschichte an die entsprechende Situation an.** Verschiedene Erzählsituationen erfordern unterschiedliche Ansätze. Wenn Sie in einer formellen Konferenz, in einer intimen Runde oder sogar in einem zwanglosen Gespräch kommunizieren, sollten Sie überlegen, wie Sie Ihre persönliche Geschichte entsprechend an diese Situation anpassen. Passen Sie den Tonfall, die Sprache und die Detailgenauigkeit an den jeweiligen Rahmen an und sorgen Sie dafür, dass Ihre Geschichte bei Ihren Zuhörern in diesem speziellen Kontext ankommt.

- **Fassen Sie sich kurz und bündig.** In unserer schnelllebigen Welt, in der die Aufmerksamkeitsspanne begrenzt ist, ist Kürze entscheidend. Achten Sie darauf, dass Ihre persönlichen Geschichten kurz und knapp sind und nur ein paar Minuten dauern. Kürzen Sie unnötige Details und vermeiden Sie Abschweifungen, um die Aufmerksamkeit des Publikums aufrechtzuerhalten und sicherzustellen, dass Ihre Geschichte ihre Kernbotschaft effektiv vermittelt.

- **Üben Sie den mühelosen Vortrag.** Übung macht den Meister, und das gilt auch für das Erzählen von Geschichten. Je mehr Sie das Erzählen Ihrer persönlichen Geschichte üben, desto angenehmer und natürlicher wird es klingen. Üben Sie vor einem Spiegel oder mit einem Freund, um Ihren Vortrag zu verfeinern und den richtigen Rhythmus zu finden. Auf diese Weise wird das Erzählen Ihrer Geschichte mühelos gelingen und ihre Wirkung wird verstärkt.

Fallstudien

Bei Fallstudien wird eine bestimmte Situation, ein Problem oder ein Szenario eingehend untersucht. Dabei werden Beispiele oder Fälle aus dem wirklichen Leben vorgestellt, um ein bestimmtes Konzept, ein Prinzip oder ein Ergebnis zu veranschaulichen. Fallstudien werden häufig verwendet, um Beweise zu liefern, Argumente zu untermauern oder die Wirksamkeit eines bestimmten Ansatzes oder einer Strategie zu demonstrieren. Sie enthalten in der Regel detaillierte Informationen über den Kontext, die beteiligten Personen, die Herausforderungen und die erzielten Lösungen oder Ergebnisse. Fallstudien helfen dabei, abstrakte oder komplexe Konzepte greifbarer und nachvollziehbarer zu machen, indem sie zeigen, wie diese sich in realen Situationen auswirken. Indem Sie Fallstudien einbeziehen, können Sie konkrete Beweise und praktische Erkenntnisse liefern, die dem Publikum helfen, die vermittelten Ideen besser zu verstehen und anzuwenden.

Wie Sie Fallstudien effektiv nutzen können

Wenn Sie eine Rede oder eine Präsentation vor einer kleinen Gruppe halten oder einen Artikel schreiben, können Sie mithilfe von Fallstudien Ihre Zuhörer bzw. Leser in den Bann ziehen, beweiskräftige Beispiele liefern und Ihre Kernaussagen untermauern. Dieser Leitfaden gibt Ihnen praktische Strategien dazu an die Hand, wie Sie Fallstudien effektiv einsetzen können:

- **Wählen Sie relevante und überzeugende Fallstudien.** Wählen Sie Fallstudien, die für Ihr Thema oder Ihre Botschaft relevant sind. Suchen Sie nach fesselnden, nachvollziehbaren Geschichten, die mit den Interessen und Erfahrungen Ihrer Zielgruppe in Einklang stehen. Vergewissern Sie sich, dass die Fallstudien auf realen Situationen beruhen und die Punkte, die Sie ansprechen wollen, deutlich machen.

- **Definieren Sie den Kontext.** Wenn Sie eine Fallstudie einleiten, sollten Sie die notwendigen Hintergrundinformationen liefern, um den Kontext zu definieren. Erläutern Sie die Situation, das Problem oder die Herausforderung, vor der die beteiligten Personen oder Organisationen stehen. Helfen Sie Ihrem Publikum, die Bedeutung und Relevanz der Fallstudie für das Thema zu verstehen.

- **Erzählen Sie eine fesselnde Geschichte.** Gestalten Sie Ihre Fallstudie als eine Erzählung, die die Aufmerksamkeit auf sich zieht und das Interesse der Zuhörer aufrechterhält. Verwenden Sie eine lebendige und anschauliche Sprache, um ein Bild der Situation und der beteiligten Personen zu zeichnen. Begeistern Sie Ihr Publikum, indem Sie die Geschichte so präsentieren, dass sie Emotionen hervorruft und die Fantasie anregt.

- **Heben Sie die wichtigsten Punkte und Lehren hervor.** Konzentrieren Sie sich auf die wichtigsten Punkte und Lehren, die aus der Fallstudie hervorgehen. Formulieren Sie klar und deutlich die Erkenntnisse, Strategien oder Lösungen, die umgesetzt wurden, sowie deren Ergebnisse. Betonen Sie die Relevanz und Anwendbarkeit dieser Erkenntnisse für das Leben, die Arbeit oder die Interessen Ihrer Zuhörer.

- **Liefern Sie unterstützende Beweise.** Unterstützen Sie Ihre Fallstudie mit relevanten Daten, Fakten oder Statistiken, um Ihre Argumente zu untermauern. Arbeiten Sie mit Zeugnissen, Zitaten oder Feedback von Personen, die an der Fallstudie beteiligt waren, um Glaubwürdigkeit und Authentizität zu vermitteln. Verwenden Sie visuelle Elemente wie Diagramme, Grafiken oder Bilder, um die Informationen ansprechender und einprägsamer zu gestalten.

- **Ermutigen Sie Ihr Publikum zur Teilnahme.** Binden Sie Ihr Publikum ein, indem Sie es zur aktiven Teilnahme auffordern. Stellen Sie Fragen, die zum Nachdenken über die Fallstudie anregen, und fordern Sie die Zuhörer auf, ihre Sichtweisen, Erkenntnisse oder Erfahrungen mitzuteilen. So entsteht ein dynamisches und interaktives Umfeld, das eine vertiefte Auseinandersetzung und genaueres Verständnis fördert.

- **Beziehen Sie die Fallstudie auf Ihre Hauptbotschaft.** Stellen Sie eine Verbindung zwischen der Fallstudie und Ihrer Hauptbotschaft oder Ihrem Thema her. Erläutern Sie klar und deutlich, wie die aus der Fallstudie gezogenen Lehren zu Ihrem Gesamtziel passen. Betonen Sie die praktischen Anwendungen und Implikationen der Ergebnisse der Fallstudie und heben Sie hervor, wie diese Ihre Botschaft unterstützen oder verstärken.

- **Reflektieren Sie und fassen Sie zusammen.** Nachdem Sie die Fallstudie vorgestellt haben, nehmen Sie sich einen Moment Zeit, um über die wichtigsten Erkenntnisse und Einsichten zu reflektieren. Fassen Sie die wichtigsten Punkte zusammen und übermitteln Sie eine prägnante Schlussnachricht, die Ihre Botschaft unterstreicht. Ermutigen Sie Ihre Zuhörer, darüber nachzudenken, auf welche Weise sie die Lehren aus der Fallstudie auf ihr eigenes Leben oder ihre Arbeit anwenden können.

Durch den effektiven Einsatz von Fallstudien können Sie Ihre Kommunikationsfähigkeiten erheblich verbessern und Ihrer Botschaft mehr Wirkung verleihen. Wenn Sie diese Strategien anwenden, können Sie Ihr Publikum in den Bann ziehen, zum Handeln inspirieren und einen bleibenden Eindruck schaffen.

Metaphorische Erzählungen

Eine metaphorische Erzählung ist eine Art des Geschichtenerzählens, die Metaphern oder eine symbolische Sprache verwendet, um eine tiefere Bedeutung oder Botschaft zu vermitteln. Anstatt Informationen direkt zu präsentieren, begeistert eine metaphorische Erzählung das Publikum, indem sie ein lebendiges Bild malt oder eine Analogie schafft, die mit den Erfahrungen und Emotionen der Zuhörer in Einklang steht. Auf diese Weise können komplexe Konzepte oder abstrakte Ideen auf eine verständliche und zugängliche Art und Weise vermittelt werden, sodass sie für das Publikum leichter zu erfassen und zu behalten sind. Metaphorische Erzählungen rufen oft starke Bilder und Emotionen hervor, die eine tiefere Verbindung mit dem Publikum ermöglichen und die Wirkung der Kommunikation verstärken.

Wie Sie metaphorische Erzählungen effektiv nutzen können

Hier finden Sie einige Techniken, wie Sie metaphorische Erzählungen effektiv einsetzen können:

- **Verstehen Sie Ihre Botschaft.** Bevor Sie eine metaphorische Erzählung in Ihre Kommunikation einbauen, sollten Sie die Botschaft, die Sie vermitteln möchten, genau verstehen. Ermitteln Sie die wichtigsten Punkte und Konzepte, die Sie hervorheben möchten, und überlegen Sie, wie diese metaphorisch dargestellt werden können.

- **Wählen Sie angemessene Metaphern.** Wählen Sie Metaphern, die zu Ihrer Botschaft passen und bei Ihrem Publikum Anklang finden. Denken Sie daran, vertraute Objekte, Situationen oder Erfahrungen zu verwenden, die von Ihren Zuhörern leicht verstanden werden und zu denen sie einen Bezug herstellen können.

- **Zeichnen Sie ein lebhaftes Bild.** Verwenden Sie eine bildhafte Sprache, um in den Köpfen Ihrer Zuhörer eine anschauliche Vorstellung zu erzeugen. Sprechen Sie die Sinne an und schaffen Sie eine mentale Darstellung, die das Wesentliche Ihrer Botschaft einfängt. Dadurch wird die metaphorische Erzählung ansprechender und einprägsamer.

- **Machen Sie die Erzählung nachvollziehbar.** Verbinden Sie die Metaphern mit realen Situationen oder Erfahrungen, die Ihr Publikum nachvollziehen kann. Indem Sie die metaphorische Erzählung mit dem persönlichen Leben Ihrer Zuhörer verbinden, erhöhen Sie die Wahrscheinlichkeit, dass sie die Botschaft verstehen und verinnerlichen.

- **Erzeugen Sie eine emotionale Wirkung.** Verwenden Sie Metaphern, die Emotionen hervorrufen und die emotionalen Seiten Ihres Publikums ansprechen. Dies kann dazu beitragen, eine tiefere Verbindung und eine vertiefte Auseinandersetzung mit Ihrer Botschaft zu schaffen. Überlegen Sie, welche Emotionen Sie vermitteln möchten, und wählen Sie Metaphern, die zu dieser Ansprache passen.

- **Verwenden Sie Erzähltechniken.** Integrieren Sie Techniken wie Figuren, Handlung und Konflikt in Ihre metaphorische Erzählung. Dadurch wird sie für Ihr Publikum fesselnder und spannender.

- **Üben und verfeinern Sie Ihren Vortrag.** Üben Sie den Vortrag Ihrer metaphorischen Erzählung, um einen reibungslosen und wirkungsvollen Ablauf zu gewährleisten. Achten Sie auf Ihren Tonfall, Ihr Tempo und Ihre Körpersprache, um die Gesamtwirkung Ihrer Kommunikation zu verbessern.

- **Messen Sie die Reaktion des Publikums.** Achten Sie darauf, wie Ihr Publikum auf Ihre metaphorische Erzählung reagiert. Beobachten Sie die Reaktionen Ihrer Zuhörer, führen Sie einen Dialog mit ihnen und seien Sie offen für Feedback. So können Sie die Wirksamkeit Ihrer Kommunikation einschätzen und gegebenenfalls Anpassungen vornehmen.

Die Verwendung metaphorischer Erzählungen spricht Ihr Publikum an, vermittelt komplexe Konzepte und hinterlässt einen bleibenden Eindruck. Denken Sie daran, dass Sie Ihre Metaphern mit Bedacht einsetzen und sich bemühen, eine sinnvolle und nachvollziehbare Erfahrung für Ihre Zuhörer zu schaffen.

Historische Erzählungen

Historische Erzählungen sind eine Art des Geschichtenerzählens, bei der es darum geht, vergangene Ereignisse und Erfahrungen auf fesselnde und ansprechende Weise zu schildern. Diese Erzählungen stützen sich bei der Vermittlung einer Botschaft oder Lektion auf historische Fakten, Zahlen und Ereignisse. Die Verflechtung von historischem Kontext, Charakteren und Handlung macht aus historischen Erzählungen ein reichhaltiges und immersives Erlebnis, das dem Publikum hilft, die Bedeutung der Vergangenheit zu verstehen und zu schätzen. So kann Ihr Publikum aus der Geschichte lernen, Einblicke in menschliche Erfahrungen gewinnen und Parallelen zu aktuellen Themen ziehen. Historische Erzählungen können ein wirkungsvolles Instrument für eine effektive Kommunikation sein, denn sie vermitteln ein Gefühl der Verbundenheit mit der Vergangenheit und bieten wertvolle Lektionen, die sich auch auf die Gegenwart übertragen lassen.

Wie Sie historische Erzählungen effektiv nutzen können

Der effektive Einsatz historischer Erzählungen für eine wirksame Kommunikation erfordert eine sorgfältige Planung und Ausführung. Hier finden Sie Strategien, die Ihnen dabei helfen können, das Potenzial historischer Erzählungen für Ihre Kommunikation zu nutzen:

- **Recherchieren und wählen Sie relevante historische Ereignisse aus.** Wählen Sie Ereignisse aus, die einen eindeutigen Bezug zu den Punkten haben, auf die Sie hinweisen möchten, oder zu den Lektionen, die Sie vermitteln wollen.

- **Entwerfen Sie eine fesselnde Handlung.** Entwickeln Sie einen Handlungsstrang, der das Wesen des historischen Ereignisses einfängt und Ihr Publikum anspricht. Schaffen Sie fesselnde Charaktere, bauen Sie Spannung auf und beziehen Sie wichtige Punkte in die Handlung ein, die die Bedeutung des Ereignisses hervorheben. Verwenden Sie lebendige Beschreibungen und sensorische Details, um die Geschichte zum Leben zu erwecken.

- **Stellen Sie Kontext und Hintergrundinformationen zur Verfügung.** Bevor Sie in die Erzählung einsteigen, sollten Sie ausreichend Kontext und Hintergrundinformationen über das historische Ereignis liefern. Erläutern Sie den historischen Rahmen, die beteiligten Hauptakteure und das soziale, kulturelle oder politische Klima der Zeit. Dies hilft den Zuhörern, die Bedeutung und Relevanz der Geschichte zu verstehen.

- **Ziehen Sie Parallelen zur Gegenwart.** Stellen Sie eine Verbindung zwischen der historischen Erzählung und heutigen Problemen oder Herausforderungen her. Heben Sie die Ähnlichkeiten mit der aktuellen Situation oder die

Lektionen hervor, die aus der Vergangenheit gelernt werden und auf die gegebene Situation angewendet werden können. Das hilft Ihrem Publikum, sich in die Geschichte hineinzuversetzen und deren Relevanz für sein eigenes Leben zu erkennen.

- **Verwenden Sie visuelle Hilfsmittel und multimediales Material.** Binden Sie visuelle Hilfsmittel wie Bilder, Karten oder Videos ein, um das Erzählerlebnis aufzuwerten. Diese visuellen Hilfsmittel können dem Publikum helfen, sich den historischen Kontext sowie historische Schauplätze oder Schlüsselereignisse vorzustellen. Erwägen Sie außerdem den Einsatz von Multimedia-Elementen wie Musik oder Soundeffekten, um ein noch intensiveres und immersiveres Erlebnis zu schaffen.

- **Betonen Sie das menschliche Element.** Konzentrieren Sie sich auf die menschlichen Geschichten innerhalb der historischen Erzählung. Heben Sie die Erfahrungen, Emotionen und Beweggründe der beteiligten Personen hervor. Dadurch wird die Erzählung persönlicher und Ihr Publikum kann sich auf einer emotionalen Ebene mit ihr verbinden.

- **Heben Sie die wichtigsten Schlussfolgerungen oder Lehren hervor.** Nachdem Sie die historische Geschichte erzählt haben, betonen Sie die wichtigsten Schlussfolgerungen oder Lehren, die aus der Geschichte gezogen werden können. Formulieren Sie klar und deutlich die

Botschaft oder die Erkenntnisse, die Ihr Publikum aus dem historischen Ereignis ziehen soll. Dies hilft Ihrem Publikum, Verbindungen zwischen der Vergangenheit und der Gegenwart herzustellen.

- **Ermutigen Sie zur Reflexion und Diskussion.** Schaffen Sie Gelegenheiten zur Reflexion und Diskussion, nachdem Sie die historische Erzählung vorgetragen haben. Fordern Sie Ihre Zuhörer auf, kritisch über die gelernten Lektionen nachzudenken und darüber, wie diese auf ihr Leben oder ihre aktuellen Situationen angewendet werden können. Ermutigen Sie zu einem offenen Dialog und stellen Sie Fragen, um die Auseinandersetzung mit dem Thema und ein tieferes Verständnis zu fördern.

- **Üben und verfeinern Sie Ihren Vortrag.** Üben Sie Ihren Vortrag der historischen Erzählung, um sicherzustellen, dass er klar und wirkungsvoll ist und im angemessenen Tempo erfolgt. Achten Sie auf Ihren Tonfall, Ihre Körpersprache und Ihre gesamte Präsentation. Holen Sie sich Feedback von vertrauenswürdigen Personen, um Ihre Erzählkunst zu verfeinern und zu verbessern.

Inspirierende Geschichten

Inspirierende Geschichten sind eine Art des Geschichtenerzählens, die darauf abzielt, die Zuhörer zu erheben, zu motivieren und positive Emotionen in ihnen zu wecken. Im Mittelpunkt dieser Geschichten stehen oft Einzelpersonen oder Gruppen, die

Herausforderungen überwunden, bemerkenswerte Erfolge erzielt oder außergewöhnliche Widerstandsfähigkeit bewiesen haben. Inspirierende Geschichten ziehen die Aufmerksamkeit des Publikums auf sich und wecken Gefühle der Hoffnung, Entschlossenheit und Ermächtigung. Sie dienen als wirkungsvolle Hilfsmittel für eine effektive Kommunikation, indem sie Beispiele für den Triumph über Widrigkeiten liefern und das Potenzial für Wachstum und Veränderung veranschaulichen. Durch inspirierende Geschichten werden die Zuhörer dazu angeregt, an ihre Fähigkeiten zu glauben, Veränderungen zu akzeptieren und ihre Ziele mit neuem Elan zu verfolgen.

Wie Sie inspirierende Geschichten effektiv nutzen können

Inspirierende Geschichten können die Art und Weise, wie Ihr Publikum Ihre Botschaft hört und aufnimmt, drastisch verändern. Nutzen Sie diese Tipps, um inspirierende Geschichten effektiv einzusetzen:

- **Wählen Sie die richtige Geschichte.** Wie bei anderen Arten des Geschichtenerzählens auch steht die Wahl der richtigen Geschichte ganz oben auf der Liste der Dinge, die erforderlich sind, um diese Techniken effektiv einzusetzen. Wählen Sie immer eine Geschichte, die zu Ihrer Botschaft und Ihrem Publikum passt. Für die inspirierende Art von Geschichten suchen Sie nach Geschichten, mit denen sich die Situation des Publikums vergleichen lässt und die Ausdauer, persönliches Wachstum oder gute Taten hervorheben.

- **Entwerfen Sie eine fesselnde Erzählung.** Strukturieren Sie Ihre Geschichte so, dass Anfang, Mittelteil und Ende klar erkennbar sind. Nachdem Sie die Hauptfigur vorgestellt haben, beschreiben Sie die Herausforderungen, mit denen sie konfrontiert war, und zeigen Sie ihren Weg zum Erfolg oder zur persönlichen Veränderung auf.

- **Sorgen Sie dafür, dass Ihr Publikum die Geschichte nachempfinden kann.** Verbinden Sie die Geschichte mit den Erfahrungen und Gefühlen Ihres Publikums. Heben Sie universelle Themen oder Werte hervor, mit denen sich jeder identifizieren kann, wie Mut, Widerstandsfähigkeit oder das Verwirklichen von Träumen.

- **Erzeugen Sie eine emotionale Wirkung.** Verwenden Sie eine lebendige und bildhafte Sprache, um Emotionen in Ihrem Publikum hervorzurufen. Zeigen Sie die Anstrengungen, Rückschläge und Triumphe der Figuren, um eine emotionale Verbindung zu Ihren Zuhörern herzustellen.

- **Konzentrieren Sie sich auf das Positive.** Betonen Sie die positiven Aspekte der Geschichte, wie die gelernten Lektionen, die persönliche Entwicklung der Charaktere oder die Wirkung auf andere. Inspirierende Geschichten sollten bei den Zuhörern ein Gefühl der Ermutigung und Motivation hinterlassen.

- **Seien Sie authentisch.** Erzählen Sie Geschichten, die echt und wahrhaftig sind. Authentizität verleiht Ihrer Botschaft Glaubwürdigkeit und hilft dem Publikum, sich auf einer tieferen Ebene mit Ihrer Geschichte zu verbinden.

- **Verwenden Sie Bildmaterial und multimediales Material.** Binden Sie visuelle Elemente wie Bilder oder Videos in Ihre Geschichte ein, um ihre Wirkung zu verstärken. Multimediale Elemente können die Geschichte noch ansprechender und einprägsamer machen.

- **Verbinden Sie die Geschichte mit Ihrer Botschaft.** Nachdem Sie die inspirierende Geschichte erzählt haben, bringen Sie sie mit Ihrer Hauptbotschaft oder Ihrem Ziel in Verbindung. Erklären Sie, wie die Geschichte zu den Ideen oder Werten passt, die Sie vermitteln möchten.

- **Ermutigen Sie zum Nachdenken und Handeln.** Fordern Sie Ihr Publikum auf, über die Geschichte nachzudenken und darüber, inwiefern sie auf sein Leben anwendbar ist. Ermutigen Sie Ihre Zuhörer, auf der Grundlage der Inspiration, die sie durch die Geschichte erhalten haben, zu handeln oder positive Veränderungen vorzunehmen.

- **Üben und verfeinern Sie Ihren Vortrag.** Üben Sie das Erzählen Ihrer Geschichte, um einen reibungslosen Ablauf zu gewährleisten, wenn es darauf ankommt. Achten

Sie auf Ihren Tonfall, Ihr Sprechtempo und Ihre Gestik, um eine faszinierende Präsentation zu gestalten.

Humorvolle Erzählungen

Eine humorvolle Erzählung ist eine Form des Geschichtenerzählens, bei der Humor und Witz eingesetzt werden, um die Zuhörer in den Bann zu ziehen und sie zu unterhalten. Dabei werden lustige Anekdoten, Witze oder komische Situationen erzählt, um die Zuhörer in den Bann zu ziehen. Humor verleiht der Erzählung ein Element des Vergnügens und der Leichtigkeit, wodurch sie einprägsamer und glaubwürdiger wird. Dieser Humor kann dazu beitragen, Barrieren abzubauen, eine positive und einnehmende Atmosphäre zu schaffen und eine Verbindung zum Publikum herzustellen. Humorvolle Erzählungen sind besonders wirkungsvoll bei Präsentationen, Reden oder anderen Formen der Kommunikation, bei denen Sie einen bleibenden Eindruck hinterlassen und gleichzeitig ein Gefühl der Freude und Unbeschwertheit vermitteln wollen. Achten Sie jedoch auf die richtige Balance und überlegen Sie, ob der Humor für den jeweiligen Kontext und das Publikum geeignet ist.

Wie Sie humorvolle Erzählungen effektiv nutzen können

Der Einsatz von Humor in Ihrer Geschichte kann Ihre Botschaft einprägsamer machen und eine positive und einnehmende Atmosphäre schaffen. Hier finden Sie einige Strategien, um humorvolle Erzählungen effektiv in Ihre Kommunikation einzubinden:

- **Kennen Sie Ihr Publikum.** Verstehen Sie die Vorlieben, kulturellen Hintergründe und Empfindlichkeiten Ihres Publikums. Passen Sie Ihren Humor so an, dass er beim Publikum ankommt, und vermeiden Sie beleidigende oder kontroverse Witze.

- **Seien Sie authentisch.** Verwenden Sie Humor, der zu Ihrer Persönlichkeit und Ihrem Stil passt. Authentizität macht den Humor echter und glaubwürdiger und schafft Vertrauen und eine Verbindung zu Ihrem Publikum.

- **Wählen Sie die richtigen Momente.** Finden Sie geeignete Gelegenheiten, um Humor in Ihre Erzählung einzubauen. Nutzen Sie ihn, um die Stimmung aufzulockern, ein Thema einzuführen oder eine humorvolle Anekdote zu erzählen, die Ihre Botschaft unterstützt.

- **Bewahren Sie die Relevanz.** Stellen Sie sicher, dass Ihr Humor in direktem Zusammenhang mit dem Thema oder der Botschaft steht, die Sie vermitteln möchten. Diese Verbindung trägt dazu bei, Ihre Aussage zu verstärken und sie einprägsamer zu machen.

- **Verwenden Sie Erzähltechniken.** Entwerfen Sie eine gut strukturierte Erzählung mit einem klaren Aufbau, einer Pointe und einer Auflösung. Verwenden Sie lebendige Beschreibungen, ansprechende Charaktere und unerwartete Wendungen, um den Humor zu verstärken.

- **Üben Sie Ihren Vortrag.** Arbeiten Sie an Ihrem Timing, Tonfall und Vortrag, um die komödiantische Wirkung zu verstärken. Üben Sie die Aufführung Ihrer humorvollen Erzählungen, um sicherzustellen, dass diese mit Selbstvertrauen und Präzision vorgetragen werden.

- **Halten Sie die Balance zwischen Humor und Ernsthaftigkeit.** Denken Sie daran, dass Ihr Hauptziel die effektive Kommunikation ist. Humor kann zwar anregen und unterhalten, aber er darf die Hauptbotschaft nicht überlagern. Finden Sie ein Gleichgewicht zwischen Humor und den ernsten Aspekten Ihrer Kommunikation.

- **Messen Sie die Reaktion des Publikums.** Achten Sie auf die Reaktionen Ihres Publikums. Wenn Ihr Publikum den Humor genießt und positiv darauf reagiert, können Sie mit einem ähnlichen Ton fortfahren. Wenn nicht, passen Sie Ihren Ansatz entsprechend an.

- **Vermeiden Sie beleidigenden oder kontroversen Humor.** Achten Sie auf kulturelle, soziale oder persönliche Empfindlichkeiten. Vermeiden Sie beleidigende oder kontroverse Witze oder Erzählungen, die Ihren Kommunikationszielen zuwiderlaufen könnten.

- **Üben Sie sich in Mäßigung.** Setzen Sie Humor sparsam und strategisch ein. Zu viel Humor kann von Ihrer Botschaft ablenken, während zu wenig Witz Ihre Kommunikation langweilig erscheinen lassen kann. Finden Sie das richtige Maß, je nach Kontext und gewünschtem Ergebnis.

Visionäre Erzählungen

Eine visionäre Erzählung ist eine Art des Geschichtenerzählens, die ein lebendiges und überzeugendes Bild einer wünschenswerten Zukunft oder einer kühnen Vision zeichnet. Es geht darum, eine Geschichte zu erzählen, die das Publikum inspiriert und dazu motiviert, sich eine bessere Welt vorzustellen, den Wandel zu begrüßen und aktiv zu werden. Eine visionäre Erzählung knüpft an die Sehnsüchte, Träume und Hoffnungen der Menschen an und hilft ihnen, über die gegenwärtigen Herausforderungen hinaus und eine bessere Zukunft zu sehen. Diese Erzählungen stecken oft voller Inspiration, Innovation und Möglichkeiten, womit sie die Vorstellungskraft des Publikums anregen und dessen Gefühle wecken. Indem sie eine visionäre Geschichte erzählen, können Kommunikatoren andere dazu inspirieren, sich ihrer Sache anzuschließen, Unterstützung für eine Vision sammeln und einen positiven gesellschaftlichen Wandel vorantreiben.

Wie Sie visionäre Erzählungen effektiv nutzen können

Hier finden Sie einige Techniken, die Ihnen helfen, die Macht visionärer Erzählungen zu meistern. Nutzen Sie diese Strategien, denn visionäre Erzählungen sind zwar mächtig, erfordern aber sorgfältige Überlegungen und strategische Planung:

- **Definieren Sie Ihre Vision.** Formulieren Sie klar und deutlich die Zukunft, die Sie sich vorstellen, und die positiven Auswirkungen, die sie haben wird. Bestimmen Sie die zentralen Werte und Ziele, die Ihre Vision untermauern.

- **Verstehen Sie Ihr Publikum.** Recherchieren Sie und vollziehen Sie die Hoffnungen, Träume und Bestrebungen Ihres Zielpublikums nach. Schneiden Sie Ihre Erzählung so zu, dass sie mit den Werten und Wünschen dieses Publikums in Einklang steht.

- **Entwerfen Sie eine fesselnde Geschichte.** Entwickeln Sie eine Erzählung, die das Publikum emotional und intellektuell anspricht. Beginnen Sie mit einer spannenden Einleitung, die die Aufmerksamkeit des Publikums auf sich zieht und die Bühne für Ihre Vision bereitet.

- **Zeichnen Sie ein lebhaftes Bild.** Verwenden Sie eine anschauliche und bildhafte Sprache, um ein Erlebnis zu schaffen, das die Sinne der Zuhörer anspricht. Helfen Sie ihnen, sich die Zukunft, die Sie schildern, vorzustellen und sich emotional mit ihr zu verbinden.

- **Appellieren Sie an die Emotionen.** Wecken Sie Gefühle bei Ihrem Publikum, indem Sie die positiven Auswirkungen und den Nutzen Ihrer Vision hervorheben. Verwenden Sie Erzähltechniken wie persönliche Anekdoten, aussagekräftige Metaphern und glaubwürdige Charaktere, um die Emotionen des Publikums anzusprechen.

- **Machen Sie Ihre Erzählung zugänglich.** Untermauern Sie Ihre visionäre Erzählung mit realen Beispielen und praktischen Szenarien. Verknüpfen Sie Ihre Vision mit dem Alltag Ihrer Zuhörer und zeigen Sie ihnen, auf welche Weise sie Teil des Wandels sein können.

- **Zeigen Sie Ihren Zuhörern den Weg nach vorn.** Liefern Sie einen klaren und umsetzbaren Plan für die Verwirklichung der Vision. Skizzieren Sie die Schritte, Ressourcen und die Unterstützung, die zur Verwirklichung der Vision erforderlich sind.

- **Seien Sie authentisch und inspirierend.** Sprechen Sie aus dem Herzen und vermitteln Sie Ihre Leidenschaft und Ihren Glauben an die Vision. Erzählen Sie von persönlichen Erfahrungen und echte Geschichten, die die transformative Kraft Ihrer Vision verdeutlichen.

- **Verwenden Sie Bildmaterial und multimediales Material.** Bereichern Sie Ihre Erzählung durch Bilder, Videos oder andere Multimedia-Elemente, die die Kernaussagen verstärken und Ihre Vision zum Leben erwecken.

- **Führen Sie einen Dialog.** Fördern Sie die Interaktion und den Dialog mit Ihrem Publikum. Hören Sie sich seine Sichtweise an, gehen Sie auf seine Bedenken ein und laden Sie es ein, Ideen und Erkenntnisse beizusteuern.

- **Verstärken Sie Ihre Botschaft.** Nutzen Sie verschiedene Kommunikationsmöglichkeiten wie öffentliches Reden, soziale Medien, Blogs oder Videos, um ein breiteres Publikum zu erreichen und Ihre Vision in aller Munde zu bringen.

- **Bewerten und passen Sie Ihre Erzählung an.** Bewerten Sie kontinuierlich die Wirkung Ihrer visionären Erzählung. Holen Sie sich Feedback ein, beobachten Sie die Beteiligung Ihres Publikums und nehmen Sie bei Bedarf Anpassungen vor, um sicherzustellen, dass Ihre Kommunikation effektiv bleibt.

Wenn Sie diesen Leitfaden befolgen, können Sie die Kraft visionärer Erzählungen nutzen, um Ihr Publikum zu inspirieren, zu motivieren und es für eine gemeinsame Vision einer besseren Zukunft zu mobilisieren.

Kapitel 8

Herausforderungen meistern

Das Erzählen von Geschichten ist ein mächtiges Hilfsmittel der Kommunikation, mit dem wir unser Publikum ansprechen und beeinflussen können. Doch wie jede Fähigkeit birgt auch diese eine Reihe von Herausforderungen und möglichen Fallstricken. In diesem Kapitel erfahren Sie, welche Hindernisse beim Storytelling häufig auftreten.

Widerstand und Skepsis

Mit Widerstand und Skepsis sind die Hindernisse oder Zweifel gemeint, die bei Menschen auftreten können, wenn sie Ihre Geschichte in sich aufnehmen und verarbeiten.

Widerstand kann entstehen, wenn das Publikum bereits bestehende Glaubenssätze oder Vorurteile hat bzw. emotionale Reaktionen zeigt, die es daran hindern, die Botschaft Ihrer Geschichte anzunehmen. ***Skepsis*** hingegen bezeichnet eine allgemeine Haltung des Zweifels oder der Infragestellung der Glaubwürdigkeit oder Relevanz der Geschichte.

Einige der am häufigsten auftretenden Arten von Widerstand sind:

Kognitive Dissonanz

Kognitive Dissonanz tritt auf, wenn Menschen auf Informationen stoßen, die ihren Glaubenssätzen oder Werten widersprechen. Um dieser Art von Widerstand begegnen zu können, sollten Sie zunächst eine gemeinsame Basis schaffen. Finden Sie Bereiche, in denen zwischen Ihnen und Ihren Zuhörern Übereinstimmungen oder gemeinsame Werte bestehen, und bauen Sie darauf auf. Präsentieren Sie Ihre Ideen auf eine Art und Weise, die mit der Weltanschauung dieser Menschen in Einklang steht, sodass es ihnen leichter fällt, Ihre Botschaft zu akzeptieren. Liefern Sie außerdem überzeugende Beweise und logische Argumente, um die Kluft zwischen den derzeitigen Glaubenssätzen Ihres Publikums und den von Ihnen vorgestellten Ideen zu überbrücken.

Emotionaler Widerstand

Emotionaler Widerstand entsteht, wenn Menschen starke emotionale Reaktionen oder Vorurteile haben, die sie daran hindern, Ihre Botschaft anzunehmen. Um emotionale Widerstände zu überwinden, konzentrieren Sie sich darauf, Empathie und Verbundenheit aufzubauen. Erzählen Sie persönliche Geschichten oder Anekdoten, die Emotionen wecken und mit den Erfahrungen Ihrer Zuhörer in Einklang stehen. Verwenden Sie eine Sprache, die die Emotionen des Publikums anspricht, und zeigen Sie, dass Sie dessen Sorgen verstehen und nachempfinden können. Hören Sie aktiv zu und würdigen Sie die Emotionen Ihres Gesprächspartners. So schaffen Sie eine vertrauensvolle Atmosphäre, in der er sich öffnen und alternative Perspektiven in Betracht ziehen kann.

Skepsis und Misstrauen

Skepsis und Misstrauen rühren oft von einem Mangel an Vertrauen in den Kommunikator oder die präsentierten Informationen her. Um dieser Art von Widerstand zu begegnen, sollten Sie dafür sorgen, dass von Anfang an Glaubwürdigkeit und Vertrauenswürdigkeit herrschen. Lassen Sie Ihr Publikum an Ihrem Fachwissen teilhaben, unterrichten Sie es über Ihre Qualifikationen und weisen Sie Ihr Wissen und Ihre Erfahrung in dem betreffenden Bereich nach. Verwenden Sie zuverlässige und seriöse Quellen, um Ihre Behauptungen zu untermauern. Binden Sie Zeugnisse oder Erfolgsgeschichten von Personen ein, die von Ihren Ideen oder Lösungen profitiert haben. Der Aufbau von Vertrauen und Glaubwürdigkeit kann Skepsis abbauen und eine aufgeschlossene Haltung fördern.

Kulturelle oder ideologische Unterschiede

Kulturelle oder ideologische Unterschiede können zu Widerständen führen, wenn Menschen Ihre Botschaft als unvereinbar mit ihren kulturellen oder ideologischen Glaubenssätzen empfinden. Um diesem Widerstand zu begegnen, sollten Sie kulturelle Sensibilität und Respekt für unterschiedliche Sichtweisen zeigen. Stimmen Sie Ihre Botschaft so ab, dass sie mit den kulturellen Werten oder Ideologien dieser Menschen in Einklang steht, und betonen Sie, auf welche Weise Ihre Ideen zu deren Grundprinzipien passen. Vermeiden Sie Beurteilungen oder Kritik und konzentrieren Sie sich stattdessen darauf, eine gemeinsame Basis und gemeinsame Ziele zu finden. Ermutigen Sie zu einem offenen Dialog und konstruktiven Gesprächen, die das Verständnis fördern und kulturelle Gräben überbrücken.

Fehlende Relevanz oder persönliche Verbindung

Widerstand kann auch entstehen, wenn Menschen Ihre Botschaft als irrelevant für ihr Leben empfinden oder es nicht schaffen, eine persönliche Verbindung dazu herzustellen. Um dies zu überwinden, betonen Sie die Relevanz und Praktikabilität Ihrer Ideen. Geben Sie konkrete Beispiele oder erläutern Sie Fallstudien, die zeigen, auf welche Art Ihre Botschaft das Leben der Menschen positiv beeinflussen oder ihre Bedürfnisse erfüllen kann. Passen Sie Ihre Kommunikation so an, dass sie auf die Erfahrungen dieser Menschen eingeht, indem Sie eine verständliche Sprache verwenden und Geschichten erzählen, mit denen sich die Zuhörer auf einer persönlichen Ebene identifizieren können.

Fehler beim Geschichtenerzählen

Bestimmte Fehler können eine überzeugende Erzählung untergraben, z. B.:

Ein Mangel an Klarheit und Struktur

- **Fehler:** Ein häufiger Fehler beim Erzählen von Geschichten ist ein Mangel an Klarheit und Struktur. Durch diesen Mangel fehlt es der Erzählung an Richtung oder einer logischen Abfolge, was das Publikum verwirrt.

- **Strategie:** Skizzieren Sie die wichtigsten Punkte und Ereignisse Ihrer Geschichte. Sorgen Sie dafür, dass der Anfang, Mittelteil und das Ende klar erkennbar sind, und nutzen Sie Übergänge, damit die Geschichte stimmig wirkt. Konzentrieren Sie sich auf die Hauptaussage und vermeiden Sie unnötige Details oder Abschweifungen, die vom zentralen Thema ablenken könnten.

Schwache Charakterentwicklung

- **Fehler:** Eine schwache Charakterentwicklung kann die Wirkung einer Geschichte schmälern und es für das Publikum schwierig machen, eine Verbindung zum Erzählten herzustellen.

- **Strategie:** Investieren Sie Zeit in die Entwicklung Ihrer Figuren. Geben Sie ihnen Tiefe und Komplexität, machen Sie sie sympathisch und interessant. Verleihen Sie ihnen Emotionen sowie Gedanken und lassen Sie sie handeln, um sie lebendig wirken zu lassen. Geben Sie Ihren Charakteren eine Vorgeschichte und einen Kontext, um ihrer Entwicklung Tiefe zu verleihen und dem Publikum die Möglichkeit zu geben, eine Verbindung zu ihnen aufzubauen.

Das Fehlen von Konflikten oder Spannungen

- **Fehler:** Eine Geschichte ohne Konflikt oder Spannung kann wenig interessant wirken und ist für das Publikum dadurch möglicherweise nicht anziehend.

- **Strategie:** Führen Sie frühzeitig einen Konflikt ein und entwickeln Sie ihn im Laufe der Geschichte, um Spannung und Intrigen zu erzeugen. Stellen Sie den Figuren Hindernisse und Herausforderungen in den Weg, die sie überwinden müssen, um Erwartungen bei der Zuhörerschaft aufzubauen und die Erzählung voranzutreiben. Steigern Sie die Dramatik durch spannungsgeladene Momente, unerwartete Wendungen oder gegensätzliche Perspektiven, um das Publikum für den Ausgang der Geschichte zu interessieren.

Eine Überlastung mit Informationen

- **Fehler:** Wenn Sie Ihr Publikum mit zu vielen Informationen überladen, kann das die Wirkung der Geschichte abschwächen.

- **Strategie:** Konzentrieren Sie sich auf die wichtigsten Punkte und verwenden Sie eine prägnante Sprache, um die notwendigen Informationen zu vermitteln. Setzen Sie Prioritäten und streichen Sie unnötige Details. Verwenden Sie lebendige Beschreibungen, eine sinnliche Sprache und Metaphern, um die Vorstellungskraft des Publikums anzuregen und die Informationen auf ansprechende und einprägsame Art zu vermitteln.

Mangelnde emotionale Ansprache

- **Fehler:** Geschichten, denen es an emotionaler Ansprache fehlt, können beim Publikum nicht ankommen.

- **Strategie:** Sprechen Sie die Emotionen des Publikums an, indem Sie nachvollziehbare Erfahrungen oder persönliche Anekdoten einbinden und eine anregende Sprache verwenden. Zeigen Sie sich verletzlich und authentisch, damit sich das Publikum auf einer emotionalen Ebene mit Ihrer Geschichte verbinden kann. Verwenden Sie eine bildhafte Sprache, um Emotionen hervorzurufen und ein Erlebnis zu schaffen, das die Sinne anspricht. Appellieren Sie an Emotionen wie Freude, Traurigkeit, Mitleid oder Begeisterung, um die Geschichte einprägsamer und eindrucksvoller zu machen.

Ethische Überlegungen oder heikle Themen

Mit ethischen Überlegungen ist gemeint, dass jemand, der eine Geschichte oder Erzählung erzählt, dabei einen achtsamen und verantwortungsvollen Ansatz verfolgt, um ethische Grundsätze und Werte zu wahren. Dazu gehört, dass die potenziellen Auswirkungen der Geschichte auf das Publikum und die Gesellschaft im weiteren Sinne berücksichtigt werden und dass Fairness, Genauigkeit und Respekt für unterschiedliche Perspektiven gewährleistet werden. Ethisch vertretbares Storytelling beinhaltet die Vermeidung schädlicher Stereotype, die Förderung von Inklusivität und die Offenlegung von Vorurteilen oder Einschränkungen. Als Kommunikator liegt es in Ihrer Verantwortung, das Wohlergehen und die Würde der Personen und Gemeinschaften, die in Ihre Geschichte involviert sind oder von ihr beeinflusst werden, in den Vordergrund zu stellen. Zeigen Sie Verantwortung, indem Sie die Erzählung mit äußerster Sorgfalt und mit Feingefühl behandeln.

Im Folgenden finden Sie die erforderlichen Strategien, um beim Geschichtenerzählen erfolgreich die ethischen Überlegungen beachten zu können.

Recherchieren und verstehen

Recherchieren und verstehen bedeutet, so viel wie möglich über ein bestimmtes Thema zu erfahren. Dazu müssen Sie sich in verschiedene Quellen vertiefen, verlässliche Informationen sammeln und mehrere Perspektiven einnehmen, um ein umfassendes Verständnis für das entsprechende Thema entwickeln zu können. Indem Sie recherchieren, können Sie sicherstellen, dass Sie auf dem Boden der Tatsachen bleiben. Das hilft Ihnen, falsche Darstellungen oder schädliche Stereotype zu vermeiden und ermöglicht es Ihnen, heikle Themen korrekt zu behandeln.

Nehmen Sie sich die Zeit, um sicherzustellen, dass Ihre Informationen aus glaubwürdigen Quellen stammen. Zu verstehen geht über oberflächliches Wissen hinaus. Dazu gehört auch, dass Sie sich mit Gemeinschaften oder Personen auseinandersetzen, die direkt von dem Thema betroffen sind. Entwickeln Sie Einfühlungsvermögen und gewinnen Sie einen Einblick in die Nuancen und die Komplexität des Themas, bevor Sie es in Ihr Storytelling einbeziehen.

Investieren Sie Zeit und Mühe in die Recherche und die Auseinandersetzung mit dem Thema, um an Ihre Erzählung auf sorgfältige und einfühlsame Weise heranzugehen und so zu einem ethisch korrekten und verantwortungsvollen Erzählprozess beizutragen.

Respektvolle Darstellung

Respektvolle Darstellung bedeutet, dass die Menschen und Kulturen in der Geschichte mit Fairness und Würde behandelt werden. Dazu gehört, sie auf eine Weise darzustellen, die genau und respektvoll ist. Dies bedeutet, schädliche Stereotype zu vermeiden. Eine respektvolle Darstellung vermittelt Ihr Verständnis und Ihre Wertschätzung für die Perspektiven, Erfahrungen und Überzeugungen der beteiligten Personen.

Respektvolle Darstellung bedeutet auch, dass Sie um Erlaubnis bitten müssen, wenn Sie die persönliche Geschichte von jemandem erzählen. Achten Sie auf die möglichen Auswirkungen, die das Erzählen der Geschichte auf denjenigen oder seine Gemeinschaft haben kann.

Eine Strategie, die Sie anwenden können, besteht darin, vielseitige und authentische Charaktere zu schaffen, die die Vielfalt und Komplexität der Erfahrungen im wirklichen Leben widerspiegeln. Vermeiden Sie, wenn möglich, Verallgemeinerungen oder grobe Vereinfachungen und holen Sie sich Anregungen oder Feedback von Personen oder Gemeinschaften, die mit dem Thema verbunden sind, um eine respektvolle und genaue Darstellung gewährleisten zu können.

Für eine ausgewogene emotionale Wirkung sorgen

Sensible Themen wecken oft starke Emotionen. Für eine ausgewogene emotionale Wirkung zu sorgen, bedeutet, dass Sie die Emotionen, die eine Geschichte beim Publikum hervorruft, im Auge behalten müssen. Dazu gehört, auf sorgfältige Weise die möglichen Auswirkungen der Geschichte auf die Gefühle und das Wohlbefinden des Einzelnen zu bedenken. Auch wenn das Storytelling oft darauf abzielt, das Publikum emotional zu erreichen und zu bewegen, ist es wichtig, ein Gleichgewicht zu finden und Emotionen nicht zum persönlichen Vorteil auszunutzen oder zu manipulieren.

Als ethisch korrekter Geschichtenerzähler und Kommunikator müssen Sie eine emotionale Verbindung herstellen und gleichzeitig sicherstellen, dass Sie dabei respektvoll, verantwortungsvoll und einfühlsam vorgehen. Berücksichtigen Sie die potenzielle Verletzlichkeit des Publikums und gehen Sie emotionale Themen mit Fingerspitzengefühl und Sorgfalt an. Eine ausgewogene emotionale Wirkung kann ein erfüllendes und zum Nachdenken anregendes Erlebnis schaffen, ohne Schaden oder Leid zu verursachen.

Nutzen Sie Erzähltechniken wie Framing, Kontextualisierung und eine durchdachte Sprache, um die emotionale Reaktion des Publikums verantwortungsvoll zu lenken.

Transparenz

Transparenz bedeutet, dass Sie ehrlich, aufrichtig und offen gegenüber Ihrem Publikum sind. Das ist besonders wichtig, vor allem, wenn Sie sensible Themen behandeln. Dazu gehört, dass Sie Informationen uneingeschränkt weitergeben und alle Verzerrungen oder Interessenkonflikte, die sich auf die Geschichte auswirken könnten, zugeben. Transparenz stellt sicher, dass das Publikum den Kontext versteht und sich ein fundiertes Urteil bilden kann.

Seien Sie transparent in Bezug auf Ihre Absichten und Beweggründe für Ihre Entscheidung, das sensible Thema anzusprechen. Erkennen Sie Ihre eigenen Vorurteile oder Einschränkungen an und bemühen Sie sich um Authentizität bei der Darstellung der Erfahrungen anderer. Führen Sie einen offenen, ehrlichen Dialog mit Ihrem Publikum, um Vertrauen aufzubauen und konstruktive Gespräche zu fördern.

Die Folgenabschätzung

Bevor Sie eine Geschichte mit heiklem Inhalt erzählen, sollten Sie die möglichen Auswirkungen auf das Publikum und die Gemeinschaft bedenken.

Bei der Folgenabschätzung geht es darum, die potenziellen Auswirkungen der Geschichte auf Einzelpersonen, Gemeinschaften und die Gesellschaft als Ganzes zu bewerten und zu verstehen. Das bedeutet, dass die möglichen beabsichtigten und unbeabsichtigten Folgen der Erzählung berücksichtigt werden, sowohl die positiven als auch die negativen. Die Folgenabschätzung hilft Ihnen als Geschichtenerzähler, potenziellen Schaden zu erkennen und abzumildern, z. B. die Verstärkung von Stereotypen, die Verursachung von emotionalem Leid oder die Aufrechterhaltung von Vorurteilen. Die Folgenabschätzung hilft Ihnen auch dabei, Möglichkeiten für positive Veränderungen zu erkennen, wie die Förderung von Empathie, die Schärfung des Bewusstseins oder die Anregung zum Handeln. Führen Sie diese Bewertung durch, bevor Sie eine Geschichte mit sensiblem Inhalt erzählen.

Folgen Sie diesen Schritten, um die Folgenabschätzung durchzuführen:

1. **Definieren Sie klar den Zweck der Folgenabschätzung.** Bestimmen Sie die spezifischen Ziele, Vorgaben und beabsichtigten Ergebnisse des Storytellings. Bestimmen Sie den Umfang der Folgenabschätzung und beziehen Sie dabei das Zielpublikum, die geografische Reichweite und den Zeitrahmen mit ein.

2. **Ermitteln Sie die verschiedenen Bereiche, auf die sich das Geschichtenerzählen auswirken kann,** z. B. die Emotionen, Wahrnehmungen, Einstellungen, Verhaltensweisen oder sozialen Normen der Zuhörer. Berücksichtigen Sie die möglichen positiven und negativen Auswirkungen auf Einzelpersonen, Gemeinschaften und die Gesellschaft.

3. **Sammeln Sie relevante Daten und Informationen, um die potenziellen Auswirkungen zu bewerten.** Dies kann die Durchführung von Umfragen, Interviews, Gruppendiskussionen oder Literaturrecherchen beinhalten. Bitten Sie um Beiträge aus verschiedenen Perspektiven und von verschiedenen Interessengruppen, um ein umfassendes Verständnis der potenziellen Auswirkungen zu erhalten.

4. **Analysieren Sie die gesammelten Daten und Informationen, um Muster, Trends und Themen erkennen zu können.** Bewerten Sie die potenziellen Risiken, Vorteile und unbeabsichtigten Folgen des geplanten Storytellings. Berücksichtigen Sie, auf welche Weise sich die Erzählung mit verschiedenen kulturellen, sozialen und politischen Kontexten überschneiden kann.

5. **Bewerten Sie die Ergebnisse der Folgenabschätzung,** um die Bedeutung und Wahrscheinlichkeit der identifizierten Auswirkungen bestimmen zu können. Berücksichtigen Sie die Übereinstimmung der Auswirkungen mit den ethischen Überlegungen und den gewünschten Ergebnissen. Beurteilen Sie, ob es möglich ist, eventuelle negative Auswirkungen abzuschwächen und die positiven Auswirkungen zu verstärken.

6. **Entwickeln Sie** basierend auf der Auswertung der Folgenabschätzung **Strategien, um mögliche negative Auswirkungen abzumildern und die positiven Auswirkungen zu verstärken.** Dazu kann es gehören, den Ansatz des Storytellings anzupassen, Vorurteile oder Stereotype anzusprechen, zusätzliche Unterstützung oder Ressourcen anzubieten oder mit relevanten Interessengruppen zusammenzuarbeiten.

7. **Setzen Sie die ermittelten Strategien um und beobachten Sie die Auswirkungen der Geschichte genau.** Bewerten Sie die Auswirkungen während des gesamten Umsetzungsprozesses fortlaufend. Sammeln Sie Feedback vom Publikum und den Beteiligten, um laufend Verbesserungen und Anpassungen vornehmen zu können.

8. **Analysieren Sie den Prozess und die Ergebnisse der Folgenabschätzung.** Identifizieren Sie Lehren und bewährte Praktiken für zukünftiges Storytelling. Stellen Sie die Ergebnisse und Erkenntnisse den relevanten Interessengruppen zur Verfügung, um einen Beitrag zum weiteren Feld des ethisch vertretbaren Geschichtenerzählens und der effektiven Kommunikation zu leisten.

Kapitel 9

Fesselnde Erzählungen gestalten

Wie spannend eine Erzählung gestaltet ist, hat einen großen Einfluss auf die effektive Kommunikation, da sie die Aufmerksamkeit des Publikums in ihren Bann zieht und dessen Gefühle anspricht. Eine gut formulierte Erzählung hilft Ihnen, komplexe Ideen zu vermitteln, und macht diese nachvollziehbar und einprägsam. Mittels einer lebendigen Sprache, nachvollziehbarer Beispiele und Erzähltechniken zieht eine fesselnde Erzählung die Zuhörer in ihren Bann, erhöht ihr Verständnis und regt sie zum Handeln an. Sie schafft eine starke Verbindung, macht die Kommunikation wirkungsvoller und hilft Ihnen, die gewünschten Ergebnisse zu erzielen.

Eine fesselnde Erzählung hat eine *klare Struktur, sympathische Charaktere* und eine *aussagekräftige Botschaft,* und diese Dinge schaffen zusammen ein einprägsames und überzeugendes Erlebnis. Eine fesselnde Erzählung hilft, eine Verbindung zwischen Ihnen, dem Redner und dem Publikum herzustellen.

Elemente einer fesselnden Erzählung

Im Folgenden lernen Sie die Elemente kennen, die für das Verfassen überzeugender Erzählungen erforderlich sind:

Die Struktur der Geschichte

Eine fesselnde Erzählung folgt einer Struktur, die die Aufmerksamkeit des Publikums auf sich zieht und es bei der Stange hält. Diese Struktur umfasst in der Regel eine Einleitung, um die Bühne zu bereiten, eine gut entwickelte Handlung, die für Erwartungen sorgt, einen Höhepunkt, der Spannung und emotionale Resonanz erzeugt, und eine Auflösung, die die Neugier des Publikums befriedigt oder ihm eine überzeugende Botschaft vermittelt.

Charaktere und Konflikte

Charaktere erwecken die Geschichte zum Leben und sorgen dafür, dass das Publikum sich mit dieser Geschichte identifizieren kann. Diese Charaktere haben Ziele und Beweggründe und stehen vor Herausforderungen oder Konflikten, die die Geschichte vorantreiben. Überzeugende Charaktere sind gut entwickelt und nachvollziehbar und wecken beim Publikum Mitgefühl oder eine emotionale Bindung.

Klare Botschaft oder Thema

Eine fesselnde Erzählung hat oft eine klare Botschaft oder ein Thema, das auf wirkungsvolle Weise vermittelt wird. Sie bietet dem Publikum einen Denkanstoß oder einen Aufruf zum Handeln, der es dazu inspiriert, anders zu denken, zu fühlen oder zu handeln. Die Botschaft sollte für das Publikum nachvollziehbar, relevant und aussagekräftig sein und mit seinen Werten, Überzeugungen oder Erfahrungen in Einklang stehen.

Eine lebhafte Bildsprache

Lebhafte Bilder helfen den Zuhörern, sich die Geschichte zu vergegenwärtigen, was sie eindringlicher und einprägsamer macht. Gut ausgearbeitete Beschreibungen und sinnliche Eindrücke können ein Bild in den Köpfen der Zuhörer entstehen lassen, das ihr Interesse und ihre Verbindung zu der Erzählung verstärkt.

Eine bildhafte Sprache verwendet sinnliche Eindrücke, um ein lebendiges Bild im Kopf des Lesers zu erzeugen. So entstehen greifbare Bilder. Sie könnten zum Beispiel sagen *„Der Geruch von Rauch lag schwer in der Luft"*, um das Bild eines verrauchten Raums entstehen zu lassen.

Im Folgenden finden Sie einige Tipps dazu, wie Sie in Ihrer Erzählung eine bildhafte Sprache auf wirkungsvolle Weise einsetzen können:

- **Seien Sie spezifisch und konkret.**
  - *„Der alte Mann war gebeugt."* **(vage)**
  - *„Der Rücken des alten Mannes war gekrümmt wie ein Fragezeichen."* **(spezifisch)**
  - *„Die Stadt war wunderschön."* **(vage)**

  - *„Die Skyline der Stadt bot mit ihren hohen Wolkenkratzern, die wie ein Wald aus Stahl in den Himmel ragten, einen atemberaubenden Anblick."* **(genau)**

- **Schaffen Sie sinnliche Eindrücke, um ein lebendiges Bild entstehen zu lassen.**
  - *„Der Regen fiel in Strömen."* **(allgemein)**
  - *„Die Regentropfen prasselten wie Hagel auf meine Haut, und das Geräusch des Regens war ohrenbetäubend."* **(genau)**

- **Lassen Sie Ihrer Kreativität freien Lauf und erforschen Sie verschiedene Beschreibungsmethoden.**
  - *„Die Sonne ging unter."* **(einfach)**
  - *„Die Sonne sank unter den Horizont und warf einen feurigen Schein über den Himmel."* **(kreativer)**

Authentizität und Nachvollziehbarkeit

Eine fesselnde Erzählung ist authentisch und für das Publikum nachvollziehbar. Sie spiegelt die echten Erfahrungen, Werte oder Perspektiven des Kommunikators wider, was dazu beiträgt, Vertrauen und Glaubwürdigkeit aufzubauen. Indem Sie von Geschichten und Emotionen erzählen, die man nachempfinden kann, ermöglichen Sie es den Zuhörern, sich auf einer tieferen Ebene mit Ihnen zu verbinden und ein Gefühl des Verständnisses und der Resonanz zu entwickeln.

Eine ansprechende Vortragsweise

Die Art und Weise, wie die Erzählung vorgetragen wird, spielt ebenfalls eine entscheidende Rolle für ihre Wirksamkeit. Durch den gezielten Einsatz von Sprechtechniken können Sie Ihre Erzählung verbessern. Ein geschickter Redner setzt Tonfall, Sprechtempo und Körpersprache ein, um die Wirkung der Geschichte zu verstärken. Ein ansprechender Vortrag zieht die Zuhörer in den Bann, sodass sie aufmerksam bleiben, und schafft ein unvergessliches Erlebnis.

Es gibt verschiedene bestimmte Sprechtechniken, die Sie einsetzen können, um Ihre Erzählungen fesselnder zu gestalten. Diese Techniken können verwendet werden, um Begeisterung, Spannung, Humor oder bestimmte Emotionen zu erzeugen.

Machen Sie sich Tonfall, Tonhöhe und Sprachmelodie zunutze
Die Stimme kann eine breite Palette von Emotionen und Effekten erzeugen. Erzählen Sie spannende und einprägsame Geschichten, indem Sie Ihren Tonfall, Ihre Tonhöhe und Ihre Sprachmelodie variieren.

Der Tonfall bezieht sich auf die allgemeine Stimmung oder das Gefühl, das Sie in Ihre Stimme legen, und kann Begeisterung, Traurigkeit, Wut oder andere Emotionen vermitteln. Die ***Tonhöhe*** bezieht sich auf die Höhe oder Tiefe Ihrer Stimme, die eine spannende, geheimnisvolle oder humorvolle Atmosphäre erzeugen kann. Die ***Sprachmelodie*** hingegen bezieht sich auf den

Rhythmus und die Klangmuster Ihrer Stimme. Sie kann zum Beispiel Schönheit, Spannung oder Gelassenheit vermitteln.

Hier finden Sie einige Tipps für die Verwendung von Tonfall, Tonhöhe und Sprachmelodie beim Erzählen von Geschichten:

- **Variieren Sie Ihren Tonfall, um Interesse und Spannung zu erzeugen.** Sie könnten zum Beispiel einen lauteren, aufgeregteren Ton verwenden, wenn Sie eine spannende Geschichte erzählen.

- **Verwenden Sie eine tiefere Tonlage, um geheimnisvoll zu wirken oder um Spannung zu erzeugen.** Zum Beispiel könnten Sie eine tiefere Tonlage verwenden, wenn Sie eine Gruselgeschichte erzählen.

- **Verwenden Sie eine höhere Tonlage, um ein Gefühl von Leichtigkeit zu erzeugen oder einen Sinn von Humor zu signalisieren.** Sie könnten zum Beispiel eine höhere Tonlage verwenden, wenn Sie einen Witz erzählen.

- **Berücksichtigen Sie die Sprachmelodie, um Schönheit, Spannung oder Gelassenheit zu erzeugen.** Sie könnten zum Beispiel eine sanfte Sprachmelodie verwenden, wenn Sie eine Liebesgeschichte erzählen.

Beachten Sie das Tempo und machen Sie Pausen

Auch Tempo und Pausen können Ihrer Erzählung Nachdruck und Wirkung verleihen. Indem Sie das Tempo verlangsamen oder in Schlüsselmomenten innehalten, können Sie die Aufmerksamkeit auf wichtige Details lenken und Ihrer Erzählung Spannung verleihen oder eine geheimnisvolle Stimmung erzeugen.

Hier finden Sie einige Tipps für die Verwendung von Tempo und Pausen beim Erzählen von Geschichten:

- **Verlangsamen Sie den Vortrag oder machen Sie in wichtigen Momenten eine Pause, um Akzente zu setzen.** Sie könnten zum Beispiel langsamer werden oder eine Pause machen, wenn Sie den Namen einer Figur nennen oder eine Wendung der Handlung enthüllen.

- **Beschleunigen Sie das Tempo,** um ein Gefühl der Spannung zu erzeugen, oder verlangsamen Sie das Tempo, um eine geheimnisvolle Stimmung zu erzeugen.

- **Machen Sie Pausen, damit Ihr Publikum das Gesagte verarbeiten kann.** Das kann ihm dabei helfen, die Geschichte zu verstehen und sich mit den Figuren zu identifizieren.

Beziehen Sie Gesten und Bewegung ein

Gesten und Bewegungen können das Storytelling auf verschiedene Weise bereichern, zum Beispiel, indem Sie Folgendes tun:

- **Verleihen Sie Ihren Worten Nachdruck und Emotionen.** Sie können zum Beispiel eine ausladende Geste verwenden, um die Größe eines Schlosses zu verdeutlichen, oder eine geballte Faust, um die Wut einer Figur zu betonen.

- **Erzeugen Sie eine bestimmte Atmosphäre oder Stimmung.** Sie könnten zum Beispiel stillstehen und mit leiser Stimme sprechen, um Spannung zu erzeugen, oder hin und her gehen, um ein Gefühl der Aufregung zu vermitteln.

- **Helfen Sie dem Publikum, sich die Geschichte vorzustellen.** Indem Sie Gesten und Bewegungen verwenden, um den Schauplatz, die Figuren und die Handlung zu beschreiben, können Sie dem Publikum helfen, sich die Geschichte bildhaft vorzustellen.

Wenn Sie Gesten und Bewegungen in Ihre Erzählung einbauen, sollten Sie Folgendes beachten:

- **Seien Sie natürlich. Erzwingen Sie Ihre Gesten oder Bewegungen nicht.** Lassen Sie sie auf ganz natürliche Weise aus Ihrer Geschichte kommen.

- **Achten Sie auf Ihr Publikum.** Achten Sie darauf, dass Ihre Gesten und Bewegungen dem Publikum und der Situation angemessen sind.

- **Seien Sie ausdrucksstark.** Verwenden Sie Ihre Gesten und Bewegungen, um die Emotionen Ihrer Geschichte zu vermitteln.

Verwenden Sie Gesichtsausdrücke

Gesichtsausdrücke vermitteln Emotionen und Reaktionen. Es ist wichtig, dass Sie Ihre Mimik einsetzen, um dem Publikum zu helfen, die Emotionen der Figuren zu verstehen, wenn Sie eine Geschichte erzählen.

Einige gängige Gesichtsausdrücke, mit denen Sie Emotionen ausdrücken können, sind:

- **Freude:** ein Lächeln, ein Lachen oder ein Glitzern in den Augen
- **Traurigkeit:** ein Stirnrunzeln, Tränen oder ein gesenkter Blick
- **Wut:** ein finsterer Blick, geballte Fäuste oder eine gerunzelte Stirn
- **Angst:** weit aufgerissene Augen, ein blasses Gesicht oder schnelle Atmung
- **Überraschung:** ein offener Mund, hochgezogene Augenbrauen oder das Ringen nach Luft

Wenn Sie Ihre Emotionen durch Mimik ausdrücken, sollten Sie Folgendes beachten:

- **Seien Sie authentisch.** Ihre Mimik sollte echt sein und die Emotionen der Charaktere widerspiegeln.
- **Setzen Sie Gesichtsausdrücke dezent ein.** Übertreiben Sie es nicht mit Ihrer Mimik. Auch mit sehr wenig können Sie viel erreichen.
- **Achten Sie auf Ihr Publikum.** Achten Sie darauf, dass Ihre Mimik dem Publikum und der Situation angemessen ist.

Sorgen Sie für einen dynamischen Auftritt

Neben Gesten, Bewegungen und Gesichtsausdrücken kann auch Ihr Körper im Gesamten zu Ihrer Erzählung beitragen. Ihre Körperhaltung, Ihr Stand und Ihre Körpersprache können Botschaften an Ihr Publikum senden. Wenn Sie z. B. selbstbewusst und autoritär wirken wollen, sollten Sie aufrecht stehen und Augenkontakt mit Ihrem Publikum herstellen. Wenn Sie entspannt und ansprechbar wirken wollen, beugen Sie sich vor und sprechen Sie in einem Plauderton.

Wenn Sie einen dynamischen Auftritt durch den Einsatz Ihres Körpers schaffen wollen, sollten Sie Folgendes beachten:

- **Achten Sie auf Ihre Körpersprache.** Ihre Körpersprache kann Botschaften an Ihr Publikum senden, nutzen Sie sie also zu Ihrem Vorteil.

- **Fühlen Sie sich wohl in Ihrer Haut.** Je wohler Sie sich in Ihrer Haut fühlen, desto selbstbewusster werden Sie auf Ihr Publikum wirken.
- **Seien Sie Sie selbst.** Versuchen Sie nicht, sich zu verstellen. Ihr Publikum wird das merken und Sie werden weniger authentisch wirken.

Schritte zur Erschaffung fesselnder Erzählungen

Gehen Sie wie folgt vor, um sicherzustellen, dass Sie eine überzeugende Erzählung schaffen:

1. **Klären Sie den Zweck Ihrer Erzählung.** *Was wollen Sie mit Ihrer Kommunikation erreichen?* Definieren Sie die Kernbotschaft, die Sie Ihrem Publikum vermitteln möchten. Ganz gleich, ob Sie inspirieren, informieren, überzeugen oder unterhalten wollen, ein klarer Zweck wird Ihre Erzählung in die richtige Richtung lenken.

2. **Verstehen Sie, mit wem Sie kommunizieren.** Berücksichtigen Sie die Interessen, Werte und Bedürfnisse Ihrer Zuhörer. Schneiden Sie Ihre Erzählung so zu, dass sie bei Ihrer Zielgruppe ankommt. So stellen Sie sicher, dass Ihre Geschichte die Menschen auf einer persönlichen Ebene anspricht und ihre Aufmerksamkeit auf sich zieht.

3. **Entwerfen Sie eine gut strukturierte Erzählung, um Ihr Publikum anzusprechen.** Beginnen Sie mit einer einnehmenden Einleitung, die das Interesse des Publikums weckt. Legen Sie den Hauptkonflikt oder die Herausforderung früh fest, um Spannung zu erzeugen. Entwickeln Sie die Erzählung durch eine Abfolge von Ereignissen, die Spannung und Begeisterung erzeugen. Schließen Sie mit einer überzeugenden Auflösung oder einer wichtigen Erkenntnis, die Ihre Botschaft unterstreicht.

4. **Führen Sie glaubwürdige Charaktere ein und stellen Sie einen Kontext her, um Ihre Erzählung lebendiger und ansprechender zu machen.** Entwickeln Sie Charaktere mit einzigartigen Persönlichkeiten und Beweggründen. Bereiten Sie die Bühne, indem Sie den Schauplatz, die Zeit und den Ort beschreiben. Zeichnen Sie ein lebhaftes Bild für Ihr Publikum, damit es in die Geschichte eintauchen kann.

5. **Nutzen Sie den emotionalen Aspekt des Storytellings.** Lassen Sie in Ihre Erzählung Emotionen einfließen, die bei Ihrem Publikum Anklang finden. Emotionen wie Freude, Traurigkeit, Mitleid oder Aufregung machen Ihre Geschichte eindrucksvoller und einprägsamer. Verwenden Sie eine bildhafte Sprache und sinnliche Eindrücke, um bestimmte Emotionen hervorzurufen.

6. **Führen Sie Herausforderungen, Rückschläge oder Konflikte ein, die für Spannung und Nervenkitzel sorgen.** Jede fesselnde Erzählung braucht einen Konflikt oder ein Hindernis, das es zu überwinden gilt. Zeigen Sie, wie Ihre Figuren diese Herausforderungen meistern, und präsentieren Sie eine Lösung, die mit Ihrer Botschaft in Einklang steht. Heben Sie die Lektionen hervor, die Ihre Figuren auf ihrem Weg gelernt haben oder an denen sie gewachsen sind.

7. **Erwecken Sie Ihre Erzählung mit bildhafter Sprache und lebendigen Vorstellungen zum Leben.** Zeichnen Sie ein klares Bild in den Köpfen Ihrer Zuhörer. Verwenden Sie Metaphern, Gleichnisse und sinnliche Eindrücke, um eine sinnliche Erfahrung zu schaffen, die Ihre Zuhörer in Ihre Geschichte eintauchen lässt. Je lebendiger die Bilder sind, desto ansprechender wird Ihre Erzählung sein.

8. **Üben Sie sich im mündlichen Vortrag Ihrer Erzählung.** Achten Sie beim Vortrag auf das Erzähltempo, den Tonfall und die Betonung. Holen Sie sich Feedback von anderen und nehmen Sie Anpassungen vor, um die Wirkung und Klarheit Ihrer Geschichte zu verbessern. Um Ihre Fähigkeiten im Erzählen von Geschichten zu verfeinern, brauchen Sie Übung, also seien Sie offen für kontinuierliches Lernen und Wachstum.

Die Struktur fesselnder Erzählungen

Die Struktur bei der Erschaffung fesselnder Erzählungen bezieht sich auf die Organisation und Anordnung der einzelnen Elemente der Geschichte. Sie bietet ein Gerüst, das den Verlauf und die Entwicklung der Erzählung lenkt. Eine gut ausgearbeitete Struktur stellt sicher, dass die Geschichte klar über Anfang, Mittelteil und Ende verfügt, mit einer logischen Abfolge von Ereignissen, die Spannung und Nervenkitzel erzeugen. Dies hilft, das Publikum zu begeistern, da es Erwartungen auslöst und Kohärenz erzeugt. Eine solide Struktur ermöglicht es, dass sich die Geschichte auf zusammenhängende und fesselnde Weise entfaltet und das Publikum von Anfang bis Ende in den Bann zieht.

Der Einstieg

Ein interessanter Einstieg ist entscheidend, um sofort die Aufmerksamkeit des Publikums zu erregen. Verwenden Sie dazu einen ***Aufhänger,*** das Eröffnungselement einer Geschichte, das die Aufmerksamkeit des Lesers oder Zuhörers auf sich zieht. Er soll die Zuhörer von Anfang an begeistern und sie dazu bringen, weiterzulesen oder zuzuhören.

Ein Aufhänger kann verschiedene Formen annehmen, z. B. eine spannende Aussage, eine interessante Frage, eine verblüffende Tatsache oder eine anschauliche Beschreibung. Der Zweck des Aufhängers ist es, eine unmittelbare Verbindung zum Publikum herzustellen, seine Neugierde zu wecken und es in die Erzählung hineinzuziehen, was die Voraussetzungen für ein ansprechendes Erzählerlebnis schafft.

So kann ein Aufhänger aussehen:

> *„Sind Sie es leid, sich von Unordnung überwältigt zu fühlen? Entdecken Sie das Geheimnis eines organisierten und stressfreien Lebens."*

> *„Sie suchen nach der perfekten Lösung, um Ihre Produktivität zu steigern und mehr in weniger Zeit zu erledigen? Dann sind Sie hier genau richtig."*

> *„Stellen Sie sich eine Welt vor, in der Zeitreisen möglich sind; Sie können in die Vergangenheit reisen und miterleben, wie sich die Geschichte vor Ihren Augen entfaltet."*

> *„Was wäre, wenn ich Ihnen sagen würde, dass alles, was Sie über die Welt wissen, eine Lüge ist? Dass sich unter der Oberfläche eine verborgene, außergewöhnliche Wahrheit verbirgt, die alles, was Sie glauben, infrage stellen wird?"*

> *„Haben Sie sich jemals gefragt, wie es wäre, wie ein Vogel durch die Lüfte zu gleiten, den Wind im Gesicht zu spüren, während Sie mühelos durch die Wolken segeln?"*

> *„Entdecken Sie die Hautpflege-Revolution, die Ihren Teint verwandelt und Ihnen ein strahlendes und selbstbewusstes Aussehen verleiht."*

Legen Sie den Hauptkonflikt fest

Die frühe Festlegung der wichtigsten Herausforderung bereitet die Bühne für die Erzählung. Sie ist ein grundlegender Aspekt Ihrer Geschichte. Dazu gehört die Einführung eines zentralen Problems, einer Herausforderung oder einer Spannung, der sich der Protagonist stellen und die er überwinden muss. Der Konflikt dient als treibende Kraft, die die Geschichte voranbringt, für Spannung sorgt und das Publikum in den Bann zieht.

Um den Hauptkonflikt wirkungsvoll zu etablieren, ist es unerlässlich, seine Konsequenzen klar zu definieren und sie in Bezug zu den Wünschen, Zielen oder Werten des Protagonisten zu setzen. Dies kann auf verschiedene Weise geschehen, z. B. durch die Darstellung gegensätzlicher Kräfte, die Einführung eines Hindernisses bzw. eines Antagonisten oder die Offenlegung eines inneren Kampfes des Protagonisten.

Indem Sie den Hauptkonflikt frühzeitig festlegen, verleihen Sie der Erzählung Schwung, da Ihr Publikum emotional in die Auflösung eingebunden wird und gespannt darauf wartet, wie der Protagonist die Herausforderungen meistert, denen er sich stellen muss.

Die Entwicklung der Erzählung

Entwickeln Sie die Erzählung durch eine Abfolge von Ereignissen, um Spannung aufzubauen und Ihre Geschichte aufregender zu gestalten. Wenn Sie eine Erzählung zu Kommunikationszwecken erschaffen, ist es Ihr Ziel, das Publikum anzusprechen und eine überzeugende Botschaft zu vermitteln. Indem Sie die Geschichte mit einem klaren Anfang, Mittelteil und Ende strukturieren, stellen Sie als Kommunikator sicher, dass die Erzählung logisch verläuft und die Aufmerksamkeit des Publikums erhalten bleibt.

Jedes Ereignis in seiner Abfolge dient dazu, die Geschichte voranzutreiben und die Botschaft zu verstärken. Es ist wichtig, die Ereignisse sorgfältig auszuwählen und anzuordnen, um einen kohärenten und ansprechenden Erzählbogen zu erhalten. Die Abfolge der Ereignisse trägt dazu bei, Vorfreude, Spannung und eine emotionale Bindung mit dem Publikum aufzubauen, wodurch die Kommunikation wirkungsvoller und einprägsamer wird. Indem Sie die Erzählung durch eine gut ausgearbeitete Abfolge von Ereignissen entwickeln, können Sie das Interesse des Publikums aufrechterhalten und ein zusammenhängendes und befriedigendes Erzählerlebnis für das Publikum schaffen, das Ihnen hilft, Ihre Botschaft wirkungsvoll zu vermitteln.

Der Schluss

Die Geschichte mit einer überzeugenden Auflösung oder einer wichtigen Erkenntnis abzuschließen, bietet Ihnen eine letzte Gelegenheit, um einen bleibenden Eindruck beim Publikum zu hinterlassen und die Hauptbotschaft oder das Thema Ihrer Erzählung zu verstärken. Der Schluss sollte ein Gefühl der Zufriedenheit und des Abschlusses vermitteln und dem Publikum einen Denkanstoß oder eine klare Handlungsaufforderung mit auf den Weg geben.

Ein gut ausgearbeiteter Schluss verknüpft alle losen Enden und bietet eine Lösung für den Hauptkonflikt oder die Herausforderung, um die es in Ihrer Geschichte geht. Dieser Schluss kann auch ein starkes und einprägsames Ende sein, z. B. eine zum Nachdenken anregende Aussage, ein inspirierendes Zitat oder eine überraschende Wendung. Indem Sie den Schluss sorgfältig bedenken, stellen Sie sicher, dass die Erzählung wirkungsvoll ist und einen bleibenden Eindruck hinterlässt, der das Publikum zum Nachdenken, zum Handeln oder zur Fortsetzung des Gesprächs anregt.

Stellen Sie sich zum Beispiel vor, Sie nehmen an einer Geschäftskonferenz teil und eine der Rednerinnen betritt die Bühne. Mit einem selbstsicheren Lächeln stellt sie sich vor und erzählt eine nachvollziehbare Geschichte über ihren Weg von einer Unternehmerin mit Schwierigkeiten, durchzustarten, zu einer erfolgreichen Geschäftsinhaberin. Diese Art des Geschichtenerzählens erregt sofort Ihre Aufmerksamkeit und weckt Ihr Interesse.

Im weiteren Verlauf stellt die Rednerin den Hauptkonflikt vor, mit dem sie konfrontiert war: die Angst vor dem Versagen und Selbstzweifel. Sie erzählt von ihrer emotionalen Reise, auf der sie Hindernisse überwunden, Herausforderungen gemeistert und wertvolle Lektionen gelernt hat. Sie spüren ein Gefühl der Empathie und Verbundenheit zu dieser Rednerin, wenn sie von Momenten erzählt, in denen sie verletzlich war, und davon, wie sie diese Momente überwunden hat.

Während ihrer gesamten Präsentation lässt die Sprecherin lebendige Bilder entstehen, indem sie eine bildhafte Sprache verwendet. Sie beschreibt die Höhen und Tiefen ihrer unternehmerischen Reise und macht es Ihnen leicht, sich die Hindernisse, auf die sie gestoßen ist, und die Triumphe, die sie gefeiert hat, vorzustellen.

Die Authentizität der Rednerin zeigt sich durch ihre echte Leidenschaft für ihr Thema und ihre Fähigkeit, persönliche Erfahrungen an andere weiterzugeben. Sie können ihre Aufrichtigkeit spüren, was Vertrauen und Glaubwürdigkeit schafft. Ihre Nahbarkeit schafft eine starke Bindung zwischen ihr und dem Publikum, sodass Sie sich inspiriert und motiviert fühlen, selbst aktiv zu werden.

Als die Präsentation ihren Höhepunkt erreicht, vermittelt die Rednerin eine klare Botschaft: Scheitern ist nicht das Ende, sondern eine Chance für Wachstum und Erfolg. Sie vermittelt praktische Strategien und umsetzbare Ratschläge, die Ihnen helfen, Herausforderungen zu meistern und Ihre Ziele zu erreichen.

Der einnehmende Stil der Sprecherin sorgt dafür, dass Sie während ihres Vortrags völlig in die Erzählung eintauchen. Ihr enthusiastischer Ton, ihre lebhaften Gesten und ihre gut getimten Pausen tragen zur Wirkung ihrer Botschaft bei. Sie versteht es, Ihre Aufmerksamkeit aufrechtzuerhalten, sodass Sie sich angeregt und begeistert von den vor Ihnen liegenden Möglichkeiten fühlen.

Dieses Beispiel zeigt, wie Kommunikation durch eine fesselnde Erzählung aufgewertet werden kann. Durch die Integration der verschiedenen Elemente des Geschichtenerzählens kann ein geschickter Kommunikator eine kraftvolle und einprägsame Botschaft vermitteln, die beim Publikum einen bleibenden Eindruck hinterlässt.

Fazit

Am Ende dieser transformativen Entdeckungsreise der effektiven Kommunikation und ihrer Feinheiten erfüllt mich ein Gefühl der Dankbarkeit und Hoffnung. Dankbarkeit für die Möglichkeit, mein Wissen und meine Erfahrungen an Sie weiterzugeben, und die Hoffnung, dass diese Erkenntnisse Sie dazu befähigen werden, tiefere Verbindungen einzugehen, sich mit Selbstvertrauen in sozialen Situationen zu bewegen und das wahre Potenzial Ihrer Beziehungen zu erschließen. Mein Ziel war es, einen umfassenden Leitfaden für die Entwicklung Ihrer praktischen Fähigkeiten, die Überwindung von Kommunikationsbarrieren und den effektiven Einsatz von Storytelling anzubieten.

In diesem Sammelband wurden drei Hauptkomponenten effektiver Kommunikation besprochen: *Einfluss, sich interessant machen* und *die Kunst des Geschichtenerzählens.* Bei der ersten Komponente haben Sie sich mit der Kunst der Überzeugung befasst, die Macht des Einflusses verstanden und sie auf ethisch korrekte Weise genutzt, um positive Veränderungen zu bewirken. Später haben Sie erfahren, wie Sie sich selbst interessant machen können, indem Sie lernten, Ihre sozialen Kompetenzen zu beherrschen, und sich mit sozialen Signalen vertraut machten. Und zu guter Letzt entdeckten Sie die tiefgreifende Wirkung des Geschichtenerzählens, indem Sie lernten, wie Sie fesselnde Erzählungen gestalten, die anregen, inspirieren und verbinden.

Aber diese Reise endet nicht auf der letzten Seite dieses Sammelbandes. Effektive Kommunikation ist ein lebenslanges Unterfangen, das Übung, Reflexion und kontinuierliches Wachstum erfordert. Das Wissen und die Strategien, die hier vermittelt wurden, dienen als Fundament; als Sprungbrett, von dem aus Sie in ein Leben erfüllender Kommunikation starten können.

Denken Sie daran, dass es bei effektiver Kommunikation nicht nur um die Worte geht, die Sie aussprechen, oder um die Botschaften, die Sie übermitteln. Es geht um die Absicht hinter Ihren Worten, die Authentizität in Ihren Interaktionen und die echten Verbindungen, die Sie schaffen. Verstehen und schätzen Sie die einzigartigen Perspektiven und Erfahrungen anderer und betrachten Sie jede Interaktion als eine Chance für Wachstum und Verständnis.

Während Sie lernen, die effektive Kommunikation zu beherrschen, sollten Sie neugierig sein, offen für Neues bleiben und sich in Selbstreflexion üben. Nehmen Sie sich die Zeit, Ihre Selbsterkenntnis zu fördern, um Ihre Stärken und Ihre verbesserungswürdigen Bereiche zu verstehen. Suchen Sie nach Möglichkeiten, Ihre Komfortzone zu verlassen, indem Sie sich mit unterschiedlichen Menschen und Perspektiven auseinandersetzen. Seien Sie vor allem geduldig und freundlich zu sich selbst, während Sie die Herausforderungen meistern und Erfolge feiern.

Zusammenfassung der Techniken und Tipps

	Name	Erläuterung
1	**Gegenseitigkeit**	Nutzen Sie Geschenke, um ein Gefühl der Gegenseitigkeit auszulösen.
2	**Starke Argumente**	Verwenden Sie starke Argumente, Beweise und Erzählungen, um die Überzeugungskraft Ihrer Botschaft zu erhöhen.
3	**Effektive Wahl des Mediums**	Wählen Sie ein Kommunikationsmedium, das die Einbindung des Publikums maximiert.
4	**Abstimmen der Botschaften auf die Zielgruppe**	Schneiden Sie die Botschaften so zu, dass sie auf die Werte und Anliegen des Publikums abgestimmt sind.
5	**Anwendung der Theorie des geplanten Verhaltens**	Erstellen Sie überzeugende Botschaften unter Verwendung der Theorie des geplanten Verhaltens, um Verhaltensweisen zu ändern.
6	**Anwendung der Theorie der sozialen Identität**	Schneiden Sie Botschaften so zu, dass sie die sozialen Identitäten Ihrer Zielgruppe ansprechen.
7	**Auf den Widerstand gegen die soziale Identität reagieren**	Antizipieren Sie den Widerstand von Personen mit konkurrierenden Gruppenidentitäten und gehen Sie darauf ein.
8	**Authentische Kommunikation**	Bauen Sie durch Authentizität und Aufrichtigkeit Vertrauen und Bindungen auf.

	Name	Erläuterung
9	**Win-win-Lösung finden**	Schaffen Sie Ergebnisse, die alle Beteiligten zufriedenstellen, um nachhaltige Resultate zu erzielen.
10	**Einfluss durch die Nutzung von Wissen**	Nutzen Sie Ihr Wissen, um Vertrauen und Glaubwürdigkeit aufzubauen.
11	**In Bezug auf Selbstbewusstsein ein Gleichgewicht finden**	Halten Sie ein Gleichgewicht zwischen Selbstbewusstsein und Respekt vor den Ansichten anderer.
12	**Anpassungsfähigkeit in Bezug auf den Kommunikationsstil**	Verfeinern und erweitern Sie Ihren Kommunikationsansatz je nach Situation.
13	**Vertrauen und Glaubwürdigkeit etablieren**	Bauen Sie Vertrauen und Glaubwürdigkeit durch Fachwissen, Beweise und Zuverlässigkeit auf.
14	**Positive Emotionen hervorrufen**	Nutzen Sie die Kommunikation, um positive Emotionen wie Freude und Mitgefühl zu wecken.
15	**Erfolgsgeschichten hervorheben**	Nutzen Sie Erfolgsgeschichten, damit Ihrer Botschaft Vertrauen entgegengebracht wird.
16	**Einwände vorhersehen**	Bereiten Sie sich im Voraus auf mögliche Einwände und Widerstände vor.
17	**Die Argumente durch Daten untermauern**	Untermauern Sie Ihre Argumente mit Daten und Anekdoten aus dem wirklichen Leben.
18	**Sich für einen respektvollen Dialog einsetzen**	Fördern Sie eine konstruktive Atmosphäre durch einen respektvollen Dialog und gut begründete Argumente.

	Name	Erläuterung
19	**Sich aktiv einlassen**	Lassen Sie sich für eine effektive Kommunikation so viel wie möglich auf Menschen ein.
20	**Selbstwertgefühl aufbauen**	Stärken Sie Ihr Selbstwertgefühl mittels realistischer Ziele und eines unterstützenden Netzwerks.
21	**Angst vor Verurteilung reduzieren**	Verringern Sie die Angst vor Verurteilung durch Selbstakzeptanz und soziales Engagement.
22	**Hinderliche Glaubenssätze infrage stellen**	Ersetzen Sie hinderliche Glaubenssätze durch ermutigende, indem Sie Gegenbeweise und soziale Unterstützung suchen.
23	**Perspektiven verstehen**	Verstehen Sie die Perspektiven anderer, um Fehlinterpretationen zu vermeiden.
24	**Kommunikationshindernisse überwinden**	Identifizieren und überwinden Sie umweltbedingte Hindernisse für die Kommunikation.
25	**Das Sprechen üben**	Üben Sie das Sprechen in verschiedenen Kontexten und sehen Sie Fehler als Teil des Lernens an.
26	**Entwicklung kultureller Sensibilität**	Entwickeln Sie kulturelle Sensibilität, um die interkulturelle Kommunikation zu verbessern.
27	**Klärende Fragen stellen**	Stellen Sie für eine offene und ehrliche Kommunikation Fragen.
28	**Soziale Signale entschlüsseln**	Verbessern Sie Ihr Verständnis sozialer Signale, indem Sie auf Abweichungen in der Sprache achten.
29	**Über emotionales Verhalten nachdenken**	Denken Sie über Emotionen nach, um die Gefühle anderer besser zu verstehen.

	Name	Erläuterung
30	**Zielgruppenangepasste Kommunikation**	Passen Sie Ihren Kommunikationsstil an die Bedürfnisse Ihres Publikums an.
31	**Kontextuelles Lesen**	Lesen Sie zwischen den Zeilen, indem Sie auf den Kontext, die Wortwahl und nonverbale Hinweise achten.
32	**Emotionale Wortschatzerweiterung**	Lernen Sie verschiedene Emotionen und Ausdrücke kennen, um Ihr Verständnis sozialer Signale zu verbessern.
33	**Selbstakzeptanz**	Akzeptieren Sie sich so, wie Sie sind, um andere zu ermutigen, das Gleiche zu tun.
34	**Authentischer Selbstausdruck**	Bleiben Sie sich selbst treu, auch gegen gesellschaftliche Normen.
35	**Erzählerische Gestaltung**	Verwenden Sie fesselnde Erzählformate, um die Aufmerksamkeit der Zuhörer auf sich zu ziehen und Ihre Botschaft einprägsam zu machen.
36	**Fokussiertes Storytelling**	Halten Sie persönliche Geschichten kurz und knapp, um eine größere Wirkung zu erzielen.
37	**Verantwortlicher Umgang mit Erzählungen**	Behandeln Sie Erzählungen mit Sorgfalt und Einfühlungsvermögen.
38	**Die emotionale Wirkung ausgleichen**	Sorgen Sie beim Erzählen von Geschichten für eine ausgewogene emotionale Wirkung, um ein erfüllendes Erlebnis zu schaffen.
39	**Aufbau einer narrativen Spannung**	Entwickeln Sie Erzählungen durch eine Abfolge von Ereignissen, um Spannung aufzubauen.

Quellen

Adler, R. B., Rodman, G. und Sévigny, A. (2017). Understanding human communication (13. Aufl.). Oxford University Press.

Beebe, S. A., Beebe, S. J. und Redmond, M. V. (2020). Interpersonal communication: Relating to others (9. Aufl.). Pearson.

Berko, R. M., Wolvin, A. D. und Wolvin, D. R. (2017). Communicating: A social and career focus (14. Aufl.). Houghton Mifflin.

Brooks, B. D. und Heath, R. L. (2021). Contemporary public speaking: How to craft and deliver a powerful speech (2. Aufl.). Houghton Mifflin Harcourt.

Burgoon, M., Hunsaker, F. G. und Dawson, E. J. (2021). Human communication (6. Aufl.). SAGE Publications.

Coopman, S. J. und Lull, J. (2022). Public speaking: The evolving art (5. Aufl.). Cengage Learning.

Eunson, B. (2021). Communicating in the 21st century (5. Aufl.). John Wiley & Sons.

Fujishin, R. (2021). Creating effective groups: The art of small group communication (4. Aufl.). Rowman & Littlefield.

Grice, G. L. und Skinner, J. F. (2019). Mastering public speaking (11. Aufl.). Pearson.

Gronbeck, B. E. (2021). Principles of speech communication (19. Aufl.). Routledge.

Holtgraves, T. (2020). Language as social action: Social psychology and language use. Routledge.

Ivy, D. K. und Backlund, P. (2018). GenderSpeak: Personal effectiveness in gender communication (6. Aufl.). Pearson.

Lucas, S. E. (2022). The art of public speaking (14. Aufl.). McGraw-Hill.

McCornack, S. (2018). Reflect & relate: An introduction to interpersonal communication (5. Aufl.). Bedford/St. Martin's.

Morreale, S., Spitzberg, B. H. und Barge, J. K. (2021). Human communication: Motivation, knowledge and skills (4. Aufl.). Routledge.

Nelson, P. E. und Pearson, J. C. (2021). Confidence in public speaking (11. Aufl.). McGraw-Hill.

Sollitto, M., Johnson, Z. D. und Myers, S. A. (2022). Communication that matters: How student voice perspectives inform pedagogy. Routledge.

Trenholm, S. und Jensen, A. (2021). Interpersonal communication (9. Aufl.). Oxford University Press.

Zarefsky, D. (2021). Public speaking: Strategies for success (9. Aufl.). Pearson.

Printed in Poland
by Amazon Fulfillment
Poland Sp. z o.o., Wrocław

42534902R00087